Chinesische
Heilküche

Xiaoyan Zhang · Barbara Rias-Bucher

Chinesische Heilküche

Ganzheitliche Ernährung im Sinne der
Traditionellen Chinesischen Medizin

LUDWIG

Inhalt

*Wenn sich Körper und Seele im Gleichgewicht be-
finden, fühlt sich der Mensch rundherum wohl.*

Suppen, wie zum Beispiel die Entensuppe mit Austernpilzen, spielen in der Chinesischen Heilküche eine große Rolle.

Selbst mit dieser köstlichen Süßspeise, einem selbst gemachten Apfeleis, lässt sich Gutes für den Körper tun.

Was ist chinesische Heilküche?

Das Garen im Wok hat in China eine sehr lange Tradition.

Unsere Ernährung ist nicht einfach notwendig zum Sattwerden; sie ist entscheidend für ein gesundes Leben, für seelische Ausgeglichenheit und körperliches Wohlbefinden. Menschen, denen es gut geht, sind leistungsfähig – und das ganz ohne Stress. Dabei hilft uns die chinesische Heilküche. Worin ihre Wirkung im Einzelnen besteht, lässt sich am besten anhand von zehn häufig gestellten Fragen beantworten.

1. Was muss man für die Heilküche über die Traditionelle Chinesische Medizin (TCM) wissen?

Nur eines: dass sie dem Prinzip der Ganzheit folgt. Dieser Grundsatz galt in China schon immer und setzt sich auch im Westen langsam durch. Die TCM ruht auf vier Säulen:
- Richtige Ernährung und spezielle Heilküche.
- Akupunktur.
- Phytotherapie, die ähnlich wie die westliche Naturheilkunde für die Behandlung bestimmte Pflanzenwirkstoffe einsetzt, aber auch Mineralien und/oder Substanzen von Tieren mit einbezieht.
- Heilgymnastik; dazu gehört z. B. auch Qi-Gong: Dies beinhaltet die Meditation mit richtigem Atmen und Bewegungsübungen, damit die Energie richtig fließt.

2. Kann man die Heilküche täglich nutzen?

Selbstverständlich – für alle, die ohnehin gerne chinesisch essen, ist sie sogar der reine Genuss. Denn die Heilküche unterscheidet sich kaum von der »normalen« Chinaküche – sie ist höchst delikat und schmeckt keineswegs »gesund«.

3. Ist die Heilküche also nicht nur für Kranke bestimmt?

In erster Linie dient sie der Vorbeugung – wie die TCM überhaupt: Traditionell gilt in China die ärztliche Kunst nur als erfolgreich, so lange der Patient gesund ist. Bei Krank-

Achtung: Die Heilküche darf nicht den Besuch beim Arzt ersetzen, und viele Beschwerden müssen unbedingt medizinisch abgeklärt sein, bevor man sie mit dem richtigen Essen kuriert.

heit hat der Arzt versagt. Ähnlich geht man auch bei der Heilküche vor: Wenn Sie sich gesund und wohl fühlen, durchstöbern Sie die Rezepte einfach nach den Gerichten, auf die Sie Lust haben. Bei höherem Energieverbrauch – etwa durch Leistungsstress, Schwangerschaft oder eine anstehende Entscheidung – »orten« Sie Ihre persönlichen Schwachstellen: Manche Menschen reagieren mit Magendruck auf ungewohnte Belastungen, andere mit Darmbeschwerden oder Kopfschmerzen. Wählen Sie die Lebensmittel und/oder Gerichte entsprechend dieser Problemzonen. Brauchen Sie seelische, geistige und körperliche Stabilisierung nach einer Krankheit, in Phasen von Trauer oder Kummer, so gehen Sie vor wie beim erhöhten Energieverbrauch, nur noch konsequenter, bis Sie eine deutliche Besserung spüren. Und bei einer Erkrankung oder einem bestimmten Leiden wählen Sie die Rezepte gezielt aus.

4. Wie findet man sein richtiges Rezept – medizinisch und kulinarisch?

Durch die Kapitelaufteilung: Sie entspricht den gängigen Beschwerden und berücksichtigt vor allem unsere Zivilisationskrankheiten. Wichtige Informationen stehen »vor Ort«, also direkt bei den Rezepten, und zu jedem Gericht finden Sie die TCM-Empfehlung – einen Hinweis auf seine spezielle Heilwirkung.

Viele Lebensmittel, die man braucht, finden Sie ab Seite 98 alphabetisch zusammengestellt – mit Hinweisen zur chinesischen Diätetik, Einkaufstipps und Produktinformationen.

Ohne Stress und in netter Runde schmeckt und bekommt es einem viel besser.

5. Ist die Heilküche eine vegetarische Ernährungsform?

Nein, denn Fleisch und Fisch, Geflügel und Eier gehören genauso dazu wie Getreide und Gemüse, Kartoffeln, Hülsenfrüchte, Obst und Kräuter.

6. Sind Fleisch, Geflügel und Eier überhaupt gesund?

Ja, denn alle liefern hochwertiges Eiweiß, Vitamin B12, das in pflanzlichen Lebensmitteln nicht vorkommt, sowie die lebenswichtigen Mineralstoffe Eisen, Selen und Zink. Dass über ihren gesundheitlichen Wert so häufig diskutiert wird, hängt vor allem mit Massentierhaltung, Mastmethoden, Tiertransporten und Schlachtung zusammen, die dem Tierschutz Hohn sprechen. Eier von gestressten Hühnern und Fleisch von gequälten Tieren sind von minderer Qualität, was selbstverständlich nicht der gesunden Ernährung entspricht, wie sie die chinesische Heilküche anstrebt.

Deshalb sollte man Fleisch, Geflügel und Eier von artgerecht gehaltenen Tieren kaufen – immer mehr Bauern halten z. B. Geflügel wie früher im Freien. Und in Naturkostläden, bei Biometzgern und direkt bei Erzeugerorganisationen gibt es inzwischen eine große Auswahl an kontrolliert ökologischen Lebensmitteln. Auch in Supermärkten gibt es meist eine spezielle »Öko-Ecke«.

Selbst die größte Kochkunst kann nur dann zur Wirkung kommen, wenn die Grundlagen, also die Zutaten, stimmen. Deshalb sollte man beim Einkauf grundsätzlich auf beste Qualität und Frische achten.

Eine artgerechte und würdige Tierhaltung spiegelt sich nachweisbar in der Qualität der erzeugten Produkte wider.

7. Warum sind »natürliche« Lebensmittel wichtig?

Essen ist Kommunikation mit der Natur. Wenn man einem Lebensmittel noch ansieht, woher es kommt, wenn man noch weiß, woraus es gewonnen worden ist, weiß man auch, welche Qualität es hat: ob es »kühl« ist oder »heiß«. Man kann sich vorstellen, wie es schmeckt, wie es riecht und ob man es mag. Und es erinnert an die natürliche Umgebung, aus der es kommt und in der es gewachsen ist: Pilze verbinden wir mit Wald, Beeren mit Sonne und Sommer, Kräuter mit Frühling. Diese Empfindungen drohen immer mehr verloren zu gehen, und deshalb ist eine Küche, die unsere Sinne anspricht, sehr wichtig.

8. Muss man die Zutaten im Chinaladen kaufen?

Nein, denn fast alle Zutaten, die man braucht, kennen wir auch: Brokkoli, Spinat, Sojasprossen und Chinakohl, Ente und Hähnchen, Schweinefleisch und Lamm z. B. Auch die meisten Gewürze sind uns seit langem vertraut, und Frühlingszwiebeln, Ingwer, Knoblauch und Chilischoten zählen im Westen zu den Grundlagen der feinen Küche. Viele Produkte bekommt man auch im Naturkostladen: Tofu, Sesam, grünen Tee oder braunen Rohrzucker. Den Asienladen brauchen also nur »Fortgeschrittene«, die beim Nachkochen Neues kennen lernen wollen: Sternanis und verschiedene Würzsaucen, frische Bambussprossen, Lotoswurzeln und Lilienknospen, Klebreis und Jujube.

9. Wie kann man durch Ernährung die körperliche und seelische Balance erreichen?

Indem man sich beim Essen nach Stimmung, Gelegenheit und Jahreszeit richtet. Wir spüren ja, dass es uns zu heiß wird, wenn wir zum Schweinebraten noch ein Bier getrunken haben, wir fühlen, dass uns wohlig warm wird, wenn wir nach dem Winterspaziergang einen heißen Tee trinken. Wir haben Lust auf ein heißes Süppchen, wenn wir fröstelnd und abgespannt nach Hause kommen. Wir essen an einem heißen Sommertag keinen Eintopf mit fetter Wurst, sondern lieber Salat. Wir alle kennen typische Winter- und typische Sommeressen und wählen instinktiv das Richtige.

Hitze und Kälte spielen eine große Rolle bei den verschiedenen Phasen einer Krankheit: Zu Beginn einer Erkältung, wenn die Nase läuft, der Schnupfen quält und die Glieder schmerzen, ist der Körper zu kalt – Ingwertee ist dann das Heilmittel. Sobald wir Fieber bekommen, der Körper sich also mit erhöhter Temperatur der Keime von außen erwehrt, müssen wir diese Temperatur halten oder – falls sie zu sehr ansteigt – senken. Dann brauchen wir kühles Obst, und das Eis bei Halsschmerzen verordnet auch die Heilküche.

10. Wie weiß man, welches Gericht einem gerade jetzt gut tut?

Zuerst stellt man sich am besten zwei Fragen:

- Wie fühle ich mich? Bin ich nervös, zittrig, fröhlich, müde, angespannt?
- Was ist »draußen« los: Ist es ein heißer Sommertag mit trockener Hitze, droht ein Gewitter, und ist die Luft feucht-schwül? Die Antworten lauten: Ich fühle mich matt, unkonzentriert und erhitzt. Draußen ist es heiß, die Luftfeuchtigkeit ist hoch – ein Sommertag, den man am besten ohne Arbeit beim Baden verbringen sollte. Die Heilküche rät in diesem Fall zu chilischarfem Essen, nicht gerade brennend scharf, aber auch nicht zu mild. Denn Chili mit dem Inhaltsstoff Kapsaizin ist ein feuriges Gewürz, das heiß macht. Trotzdem ist es auch für den Sommer geeignet: An diesem feuchtheißen Tag, wenn die Hitze wie ein nasses Handtuch auf dem Körper liegt, lässt die trockene Chilihitze die unangenehme Feuchtigkeit einfach verdunsten.

Nicht nur die eigene Stimmungslage, sondern auch äußere Einflüsse wie die klimatischen Verhältnisse sollte man bei der Wahl seiner Mahlzeiten berücksichtigen.

Das Gleichgewicht

Die chinesische Geistesgeschichte hat die beiden Begriffe Yin und Yang geprägt, die man mittlerweile auch in Europa häufig verwendet. Es handelt sich dabei zunächst um ein Gegensatzpaar:

- Yin ist definiert als das Passive, Dunkle, Kühle und Feuchte. Stille und Wasser, Nacht und Mond, Herbst und Winter sind ihm zugeordnet.
- Yang ist definiert als das Aktive, Helle, Warme und Trockene. Bewegung und Feuer, Sonne und Tag, Frühling und Sommer gehören zu Yang.

Nur wenn die beiden Kräfte Yin, das Passive, und Yang, das Aktive, im Gleichgewicht sind, können auch Körper, Geist und Seele in Harmonie sein.

Im bekannten Symbol des Yin und Yang stehen die beiden Prinzipien gleichgewichtig nebeneinander, und jedes trägt ein »Pünktchen« des anderen in sich. In diesem Symbol sind die Prinzipien zu Bildern geworden, damit wir sie uns vorstellen können – etwa wie eine Waage: Wenn man deren Schalen gleichmäßig füllt, bleiben sie auch im Gleichgewicht. Legt man in die eine Schale aber Kieselsteine, in die andere ein

Wollknäuel, so schwebt Letztere hoch in der Luft, während Erstere vom Gewicht der Steinchen nach unten gedrückt wird. Die Verbindung von Yin oder Yang mit einem bestimmten Organ hilft uns, Beschwerden zu erkennen und zu heilen: Trockener Husten z. B. kann auf ein geschwächtes Yin der Lunge hindeuten. Dann muss man Bananen oder auch Avocados essen, um die Lunge zu befeuchten.

Wärme und Kälte

Je kälter, desto ruhiger: Ein schöner Wintertag strahlt viel mehr Ruhe aus als flirrende Sommerhitze. Doch Kälte führt auch zu Unbeweglichkeit und Starre: Sobald der See zugefroren ist, bewegt sich gar nichts mehr. Und wenn wir dem anderen so »cool« wie möglich begegnen, vermeiden wir die Kommunikation, blocken vielleicht sogar ein konstruktives Gespräch ab.

Je heißer, desto bewegter: Kochendes Wasser sprudelt, ein hitziger Streit bringt das Blut in Wallung. Wärme fördert die Aktion: Eine Eidechse rührt sich nur bei angenehm warmen Temperaturen, Tiere erwachen aus dem Winterschlaf, wenn die milden Frühlingslüftchen wehen.

In der Traditionellen Chinesischen Medizin werden alle körperlichen und seelischen Beschwerden auf eine Störung des Gleichgewichts von Yin und Yang zurückgeführt.

Gleichmäßig gefüllte Schalen bringen die Waage ins Gleichgewicht – ein Zeichen der Ausgewogenheit und Harmonie.

11

Yin und Yang – das Symbol der einander bedingenden Gegensätze .

In der TCM greift man nur ungern zu Pillen. Wesentlich effektiver ist es, Beschwerden wie Kopfschmerzen oder nervöse Unruhe mit dem richtigen Essen wieder ins Lot zu bringen.

Die Temperatur unseres gesamten Organismus und der einzelnen Organe einerseits, die der verzehrten Lebensmittel und Speisen andererseits ist also von entscheidender Bedeutung für unser Wohlbefinden.

Kopf- und Gliederschmerzen können auf zu schwaches Yang oder Yin hinweisen: Schwaches Yin bewirkt zu viel Hitze im Körper, ein Problem, das Frauen im Klimakterium betrifft. Die Schwäche von Yang bewirkt einen Stau von Feuchtigkeit und Kälte: Der Organismus ist »zu kalt«, er braucht mehr Hitze, und die bekommt er z. B. mit Frühlingszwiebeln oder Ingwer. Und wenn Unruhe und Nervosität plagen, ist das »feurige« Yang zu mächtig. Deshalb sollte die Hitze reduziert werden – z. B. mit kühlem Gurkensalat. »Leberhitze« ist ein sprechendes Bild dafür, dass die Leber »heißläuft«, weil sie zu viel Arbeit hat – durch zu fettes Essen, zu viel Alkohol oder zu viele Medikamente. Dann isst man etwas, das die Leber bei ihrer Arbeit unterstützt: grüne Bohnen oder Kirschen, Endivien, Artischocken oder Löwenzahn.

Was ist Qi?

Am besten kann man Qi mit Lebensenergie beschreiben; eine exakte Übersetzung dieses Begriffes aus der chinesischen Geistesgeschichte gibt es aber nicht. Wenn der Strom des Qi richtig fließt, fühlen wir uns körperlich fit, seelisch ausgeglichen, geistig rege. So lange das Qi fließt, ist man gesund. Dabei kann das Qi nach innen oder nach außen strömen. Erst ein Stau bedeutet Krankheit, Stockung den Tod.

Am besten kann man die Lebensenergie mit einem Baum vergleichen: Im Frühjahr steigen die Säfte nach oben, die Zweige treiben Knospen und Blüten nach außen. Der Höhepunkt ist mit den Früchten und Samen im Sommer erreicht. Im Herbst zieht der Baum die Säfte wieder zurück und lenkt die Energie nach innen. Die Winterruhe stärkt ihn und wappnet ihn gegen die Kälte.

Ähnlich ergeht es uns: Wir sollten die Phasen von Ruhe und Aktion gut nutzen, einen Mangel an Energie – Qi-Mangel, wie es in der TCM heißt – aber durch entsprechende Therapie beheben. Also z. B. ein Gericht mit Blumenkohl essen, wenn wir uns schlapp fühlen und mit Magenproblemen kämpfen. Denn das kann ein Zeichen von zu wenig Energie im Bereich von Milz und Magen sein.

Qi bedeutet so viel wie Lebensenergie – und ohne sie geht gar nichts. Nur wenn uns genügend Qi zur Verfügung steht, fühlen wir uns rundherum wohl und können uns Krankheiten nichts anhaben.

Das Blut und die Körpersäfte

Sie bringen die Nahrung auf den Weg. Deshalb muss man sie bei dieser Arbeit unterstützen. Wenn zu wenig fließt, geht nichts mehr: Die Organe werden nicht richtig versorgt, wir schlaffen ab und werden im schlimmsten Fall krank.
• Zum Aufbau von Blut empfiehlt die chinesische Heilküche Spinat und Mu-Err-Pilze, bei niedrigem Blutdruck würzt man mit Sesam, isst chinesische Datteln und mehr Fleisch. Zum Blutdrucksenken trinkt man Tee von Kamillenblüten oder Mungobohnen und wählt als Gemüse häufig Staudensellerie. Um Arteriosklerose durch Bluthochdruck vorzubeugen, kocht man mehr mit Frühlingszwiebeln.

Jedes Lebensmittel hat eine bestimmte Wirkung und übt Einfluss auf das Körpergleichgewicht aus.

Milz, Herz, Leber, Nieren und Lungen sind die wichtigsten »Motoren« in unserem Körper. Nur ihr reibungsloses Funktionieren gewährleistet, dass die »Maschine« – der Organismus – störungsfrei läuft.

• Körpersäfte sorgen dafür, dass die Organe gut befeuchtet sind – schließlich kommt alles Leben aus dem Wasser, und nur, wenn unser Flüssigkeitshaushalt stimmt, bleibt die Haut straff, können die Schleimhäute Virenattacken abwehren und die Nieren richtig arbeiten. Trockener Mund, ständiger Durst, Verstopfung oder fester Schleim bei Erkältung sind oft Zeichen für zu wenig Feuchtigkeit. Hier helfen die richtigen Lebensmittel schneller und nachhaltiger als eine Flasche Mineralwasser.

Die Organe und ihre Funktionen

Die TCM kennt fünf Organkreise, die wir mit heilendem Essen pflegen sollten.

Die Milz

Sie entspricht der Erde. Mit ihr ist der Magen verbunden, und beide Organe bilden die »Mitte« unseres Organismus. Der Mund ist das diagnostische »Fenster« dazu, d. h., an seinem Zustand erkennt man, ob alles im Lot ist oder ob man therapeutisch eingreifen muss. Die Funktionen von Milz und Magen sind vielfältig:

• Sie spalten die Nahrung für die Verdauung in kleinere Teile.

- Sie sind zuständig für den Aufbau von Blut und dessen richtigem Fluss in den Gefäßen. Bei zu starkem Fluss kann es zu Nasenbluten kommen, man bekommt leicht blaue Flecken oder leidet unter extremer Monatsblutung.
- Sie schicken die Nahrungsbestandteile auf den Weg, so dass die »guten« verwertet, die »schlechten« ausgeschieden werden können.
- Sie steuern die Bewegung der Muskeln.
- Sie halten die Organe in der richtigen Position; Organsenkung ist ein Problem, das oft bei Frauen nach Schwangerschaften und generell bei älteren Menschen auftritt.

Das Herz

Es entspricht dem Feuer, das diagnostische Fenster zum Herzen ist die Zunge. Seine Funktionen sind:
- den Blutkreislauf in Gang zu halten und
- das seelische Befinden zu regeln – mal geht uns Kummer zu Herzen, mal können wir uns über etwas herzlich freuen.

Die Lunge

Sie entspricht dem Metall, und ihr diagnostisches Fenster ist die Nase. Die Lunge regelt Qi in zweierlei Hinsicht:
- Sie reguliert den Atem so, dass die gute Luft verwendet, die »schlechte« nach außen gelenkt wird. Das ist keineswegs selbstverständlich, denn zahlreiche Lungenleiden rühren daher, dass wir nicht richtig ausatmen können.
- Sie steuert die Qi-Versorgung, d. h. die Energieversorgung für den ganzen Organismus.

Die Lunge hält außerdem die Reinigung in Gang, und zwar ebenfalls in mehrfacher Hinsicht:
- Sie lenkt die Stoffwechselprodukte nach außen, die nicht gebraucht werden, z. B. mit der ausgeatmeten Luft. Die Lunge sorgt auch dafür, dass wir kräftig schwitzen können – ebenfalls ein wichtiger Reinigungsprozess.
- Sie liefert die Energie, die wir für die Verdauung an sich brauchen. Für westliche Menschen ist das nicht ganz einfach zu verstehen. Denn man hat ja gelernt, dass die Verdauung der Nahrung uns die notwendige Energie liefert. Doch die

Der Zustand jedes inneren Organs lässt sich mit Hilfe sichtbarer Körperteile wie durch ein Fenster betrachten. Beim Herz etwa ist es die Zunge, bei der Leber ist es die Nase, die anzeigt, ob innerlich etwas in Unordnung geraten ist.

Frage, wie die Verdauung funktionieren kann, quasi bevor die Nahrung verdaut ist, beantwortet erst das ganzheitliche Denken der TCM: Sie funktioniert, weil wir durch die Lunge atmen und dadurch die Energie erhalten, die unseren Verdauungsapparat »anwirft«.

• Sie lässt unsere Körperflüssigkeiten zirkulieren, indem sie die Transportwege für diese in Gang hält.

• Sie regelt die Körpertemperatur über die Haut – auch hier spielt Schwitzen eine wichtige Rolle.

• Sie gibt uns »Stimme« – eine Funktion, die viele Schauspieler und Sänger nicht nur durch regelmäßiges Training, sondern auch durch gezielte Atemtherapie unterstützen.

• Das Lungen-Qi, die Energie der Lunge also, hilft dem Herz, das Blut in die Gefäße zu pumpen.

Die Nieren

Sie entsprechen dem Wasser, ihr diagnostisches Fenster ist das Ohr. Und ihre Funktionen sind nach den Erkenntnissen der TCM weit umfangreicher, als es im Westen gelehrt wird. Zunächst sind die Nieren der Speicher für die Lebensenergie, und das wiederum in zweifacher Hinsicht:

• Sie sind zuständig für die Fortpflanzung; die Nieren übernehmen quasi die Organisation, während die Geschlechtsorgane die Arbeit leisten.

• Sie regeln das Wachstum – Knochen und Knochenmark sind mit der Nierenfunktion verbunden.

• Die Nieren regulieren den Flüssigkeitshaushalt des Körpers – sie »verwalten« die Flüssigkeitsmengen, die von den Organen angefordert werden. Zum Vergleich: Die Lunge stellt also praktisch die »Infrastruktur« zur Verfügung, d. h., sie hält die »Verkehrswege« instand, die unser Körper zum Transport der Flüssigkeit braucht.

• Sie speichern die Energie der Lunge: Die Lunge gibt die Energie nach unten ab, wie man Wasser nach unten gießt. Doch wenn kein Gefäß dort steht, wenn also die Nieren als Speichermedium zu schwach sind, stockt die Lunge in ihrer Arbeit. Wir atmen richtig ein, aber nicht mehr genügend aus. Deshalb ist es so wichtig, die Nieren zu stärken, wenn die Lunge richtig funktionieren soll.

In der chinesischen Gesundheitslehre, die vor allem auf Zusammenhänge achtet, erfüllen die fünf wichtigen inneren Organe weit mehr Aufgaben im Körper, als es in der westlichen Medizin gelehrt wird.

Die Leber

Sie entspricht dem Holz, ihr diagnostisches Fenster ist das Auge. Ihre oberste Funktion ist, für Gleichgewicht zu sorgen – seelisch, geistig und auch körperlich:

• Sie greift ein, wenn die inneren Wogen vor Zorn oder Wut hochschlagen. Die Leber besänftigt uns und regelt unsere Gemütsbewegungen.

• Sie reguliert die Bewegung des Qi, also der Energie – so sorgt sie dafür, dass nicht zu viel Hitze ins Herz schießt und schadet.

• Sie pflegt außerdem den Verdauungstrakt, also Milz und Magen. Wenn diese Organe nicht richtig arbeiten, kann das zu Durchfall führen.

• Sie sorgt für das Energiegleichgewicht in Milz und Magen. Dazu gehört auch die Bereitstellung von Gallenflüssigkeit, die in der Gallenblase gesammelt wird. Steht die Gallenflüssigkeit nicht rechtzeitig und in ausreichender Menge zur Verfügung, schießt die Energie nach oben – uns wird übel vor lauter Völlegefühl. Wird die Energie dagegen richtig nach unten abgeleitet, geht es uns auch nach einer üppigen Mahlzeit gut.

• Die Leber speichert Blut und reguliert dessen Menge, um es dann anderen Organen zur Verfügung zu stellen.

• Sie hält Sehnen und Gelenke in Betrieb.

Aus diesen klar definierten Krankheitsbildern entwickelt die TCM die entsprechende Therapie. Dazu gehören Lebensmittel, die einen Mangel beheben, ein Organ stärken und/oder das gesunde Wechselspiel der Phasen bewirken.

Sojabohnen spielen in Asien als hochwertige pflanzliche Eiweißquelle eine große Rolle.

Das harmonische Miteinander

Selbstverständlich stehen die Organe in enger Verbindung miteinander: Wenn die Milz mit dem Aufbau der Transportwege Probleme hat, bekommt die Lunge nichts zu tun: Sie hält ja den Fluss der Körpersäfte in Gang. Das Herz leidet – schließlich ist es unter anderem die Pumpe für das Blut. Der Darm kann nicht richtig arbeiten, weil er zu wenig Flüssigkeit für den Speisebrei bekommt – wir sind »verstopft«. Die Nieren stocken, denn sie können die »guten« Sachen nicht speichern, die »schlechten« nicht an die Blase weiterleiten. Und wie das Wurzelholz eines Baumes das Erdreich lockert, wird die Milz von der Leber unterstützt.

Die Fünf Wandlungsphasen

Eine genaue Übersicht mit Empfehlungen für Süßes und Salziges, Bitteres, Saures und Scharfes findet man häufig. Korrekt ist diese Einteilung aber nach den Erkenntnissen der TCM nicht, denn es kommt auf die individuelle Konstitution, das jeweilige Organ und dessen Zustand, aber auch auf Klima und Jahreszeit an, welches Lebensmittel man gerade jetzt wählt.

Durch die Makrobiotik sind sie als die »Fünf Elemente« bekannt geworden: Feuer, Wasser, Erde, Metall und Holz. In der chinesischen Geistesgeschichte und der TCM spricht man von den Fünf Phasen, die mit den Organen und ihren Funktionen verbunden und so einer ständigen Wandlung unterworfen sind: Wie die Erde das Holz wachsen lässt, das wiederum Feuer nährt, stellt die Milz (Erde) durch die Verdauung ausreichend Blut zur Verfügung. Daraus »filtert« die Leber (Holz) Mineralstoffe und gibt sie ans Herz (Feuer) weiter. Das Herz braucht diese Stoffe für den Kreislauf, der wiederum die Nieren (Wasser) unterstützt – wie Feuer das Wasser zum Brodeln bringt. Der Wasserhaushalt des Körpers ist für die Lungen (Metall) wichtig – wie Wasser gelöste »Metalle« enthält. Eisen ist das wichtigste Metall, das unser Organismus braucht: Bei Eisenmangel sind wir müde und lustlos. Metall wiederum reichert die Erde an, und die Lunge liefert der Milz die Luft, die sie – wie jedes andere Organ – zum Arbeiten braucht. So schließt sich der Kreis unseres Organismus wieder.

Es sind also ständig wechselnde Phasen, die wir erleben. Doch erst, wenn es mit der Wandlung nicht mehr so richtig klappt, spüren wir es buchstäblich an uns selbst: Zu wenig »Wasser« lässt das »Feuer« hoch auflodern – unser Herz ist erregt. Dessen »Feuer« bringt das »Metall« zum Schmelzen – die Lunge ist geschwächt, ein Problem für den Atem und die Haut. Zu viel »Wasser« lockert die »Erde« – Milz und Magen streiken: Unsere Verdauung ist gestört.

Die Lebensmittel – Wirkung und Geschmack

Jedes Lebensmittel wird also bei der TCM in den Zusammenhang von Yin und Yang, Wärme und Kälte gestellt. Dazu kommt der Geschmack: Bei süßem Honig und salzigem Meeresgemüse, saurem Essig, scharfem Pfeffer und bitterer Endivie leuchtet das sofort ein. Doch die Zuordnung von süß beim Chinakohl, salzig bei Sauerkraut, sauer bei Tomaten, scharf bei Korianderkraut und bitter bei Papaya versteht man nicht ohne weiteres.

Geschmack aber ist in der TCM nicht nur das, was wir mit Zunge oder Gaumen »erkennen«. Er zeigt vor allem, wie ein Lebensmittel in unserem Organismus wirkt: Süßes spendet selbstverständlich Energie. Es fördert außerdem die Bildung von Körpersäften, hilft den Nieren bei der Ausscheidung, unterstützt die Lunge bei der Arbeit. Und wenn man den Magen wie einen kalten Klumpen im Bauch fühlt, tut ein Tee mit Honig oder eine Suppe mit Frühlingszwiebeln wunderbar wohl.

Bei den Rezepten finden Sie nicht nur Empfehlungen, sondern gegebenenfalls auch eine Warnung: Manche Gerichte darf man bei bestimmten Beschwerden nicht essen. So kann Chili Entzündungen verschlimmern, Salzwasser zum Gurgeln ist nicht für Bluthochdruckpatienten geeignet, und wer an zu hohem Cholesterinspiegel leidet, muss auf Tintenfisch verzichten.

Der menschliche Organismus ist – wie die Natur auch – ein ständiger Kreislauf.

Kleiner China-Kochkurs

Die chinesische Heilküche ist keine Gesundheitsküche, sondern entspricht den Methoden der chinesischen Kochkunst. Das beinhaltet in erster Linie, dass die Lebensmittel richtig geschnitten bzw. vorbereitet und anschließend schonend gegart werden. Dazu finden Sie hier das Wichtigste sowie einige Grundrezepte, die in der chinesischen Heilküche häufig verwendet werden.

Kunstvolle Schnitttechniken werden in der Asienküche großgeschrieben.

Richtig vorbereiten

Es sind zum einen die Schneidetechniken, die Wokgerichte so delikat machen. Zum anderen gibt es ein paar Zubereitungen, die man im Westen nicht oder nur kaum kennt – z. B. das Dämpfen im Bambuskorb.

Gemüse schneiden

Chinakohl, Staudensellerie und Paksoi schneidet man sehr schräg – ähnlich wie Räucherlachs – auf. So wird die Oberfläche der Stücke groß, und das Gemüse nimmt mehr Aroma auf und gart zarter.

Frühlingszwiebeln schneiden

Die Zwiebeln werden nur von den welken Blattspitzen, Außenblättern und den Wurzelansätzen befreit. Für den Wok schneidet man sie wie Blattgemüse so auf, dass die Oberfläche der Stückchen möglichst groß ist. Sonst teilt man sie in Ringe oder zerkleinert sie fein. Genaue Angaben finden Sie in den Rezepten.

Bambussprossen vorbereiten

• Die Sprossen waschen und die äußeren Blätter abziehen;
• mit einem scharfen Messer den harten unteren Teil und die Spitze entfernen;
• die Sprossen in kaltes Wasser geben und kochen, bis sie nicht mehr bitter schmecken; das dauert bei ganzen Sprossen etwa 40 Minuten, bei Stücken 10 bis 15 Minuten;

Auch wenn das Kleinschneiden des Gemüses mitunter etwas zeitraubend sein kann – es lohnt sich. Denn dadurch braucht es nicht nur relativ kurze Garzeiten, sondern sieht auch viel schöner aus.

• die Sprossen probieren; falls sie noch bitter schmecken, muss man sie erneut kochen, sonst weiterverarbeiten.

Sprossen vorbereiten

Man kann sie selbst ziehen oder fertig kaufen: In Naturkost- und Asienläden ist die Auswahl an frischen Sprossen groß. Auf allen Sprossen wachsen Keime – auch wenn sie hygienisch einwandfrei gezogen und gelagert sind. Wer einen empfindlichen Magen hat, sollte auch Alfalfa-, Daikon- und Mungobohnensprossen grundsätzlich blanchieren oder im Wok sautieren. Die Sprossen von allen anderen Hülsenfrüchten muss man ohnehin etwa 5 Minuten garen, damit sie gut verträglich und wohlschmeckend sind.

Geflügel mit Knochen teilen

Dazu brauchen Sie eine Geflügelschere oder ein chinesisches Küchenbeilchen, das man im Chinaladen bekommt. Die Tiere werden einfach in Stücke geschnitten – etwa so groß, dass man sie gut mit Essstäbchen fassen kann.

Maronen schälen

Den Backofen auf höchste Schaltstufe vorheizen. Die Maronen an der gewölbten Seite kreuzweise einschneiden, nebeneinander auf ein Backblech legen und mit Wasser besprengen.

Sie können Sprossen auch ganz einfach selbst ziehen: Die Samen auf ein angefeuchtetes Küchenpapier oder in einen Keimbehälter geben, in den Schatten stellen, immer gut feucht (aber nicht nass) halten, und in wenigen Tagen können Sie ernten.

Beim Hähnchen wird zunächst mit dem Messer im Gelenk eingeschnitten, dann wird der Knochen mit dem Beil oder der Geflügelschere durchtrennt.

In den heißen Ofen schieben und 10 bis 15 Minuten backen, bis die Schalen aufgeplatzt sind und sich vom Fruchtfleisch gelöst haben. Die Maronen herausnehmen, etwas abkühlen lassen und die Schalen entfernen.

Tintenfisch zerkleinern

Den Tintenfisch der Länge nach aufschneiden und so auf die Arbeitsfläche legen, dass die »Innenseite« nach oben zeigt. Die Stücke wie die Schwarte eines Schweinebratens schräg einritzen und dabei das Messer in einem Winkel von etwa 45 Grad halten. Nun das Fleisch zuerst in kleine Stücke von etwa 3 Zentimeter Kantenlänge schneiden – ob Quadrate oder Rauten, spielt keine Rolle. So geschnitten bleibt der Tintenfisch beim Braten sehr zart, und die Stücke wirken zudem äußerst dekorativ.

Richtig garen

In der chinesischen Küche kennt man mehr als 40 Garmethoden. Für dieses Buch sind jedoch nur wenige davon wichtig: das Blanchieren von Gemüse, das Dämpfen im Bambuskorb, das Braten im Wok und das Frittieren in heißem Öl.

Blanchieren

Beim Blanchieren gehen einige Vitamine und Mineralstoffe ins Kochwasser über und werden weggegossen. Trotzdem ist es manchmal notwendig, denn durch das kurze, heftige Kochen bleiben Farbstoffe und Vitamin C erhalten.

Blanchieren hat noch einige gesundheitliche Vorteile: Grüne Bohnen müssen mindestens 8 Minuten garen, damit sie verträglich sind. Blanchiert behalten sie aber beim Kurzbraten in Wok oder Pfanne ihre schöne Farbe. Nitratreiches Gemüse wie Spinat, Mangold oder Grünkohl verliert beim Blanchieren einen großen Teil dieses Schadstoffes. Auch wer Rohes nicht so gut verträgt, kann feste Blattgemüse wie Weißkohl, Mangold, Endivie, Löwenzahn und den kräftigen Frühlingsspinat für Salat blanchieren.

Zum Blanchieren lässt man pro 500 Gramm Gemüse 1 bis 2 Liter Wasser kräftig aufkochen. Zu Artischocken, Blumenkohl und Fenchel gibt man den Saft von einer kleinen Zitrone ins Blanchierwasser – das erhält ebenfalls Farbe und Vitamin C. Das Gemüse portionsweise ins sprudelnde Wasser

Das Dämpfen ist eine besonders schonende Garmethode, die Inhaltsstoffe, Geschmack und Farbe der Lebensmittel am besten erhält.

geben und so lange kochen lassen, bis das Gemüse intensiv grün oder leicht glasig ist; das dauert zwischen 1 und 3 Minuten. Danach mit einem Schaumlöffel herausnehmen und kurz in Eiswasser tauchen. So wird der Garprozess gestoppt.

Dämpfen

In China gehört das Dämpfen zu den beliebtesten Garmethoden, denn es schont Konsistenz, Geschmack und Nährstoffe der Lebensmittel wie kaum eine andere Zubereitungsart und ist auch für Empfindliches wie Mehlspeisen oder Fisch geeignet.

Das Dämpfen spielt in China eine sehr große Rolle, denn im Haushalt gibt es gewöhnlich keinen Backofen. Nehmen Sie am besten einen Bambuskorb aus Asienshops. Die Vorteile: Die Körbe gibt es in verschiedenen Größen, sie sind preiswert, und das Material eignet sich hervorragend für das Garen über Wasserdampf. Denn geflochtener Bambus ist so durchlässig, dass er das kondensierte Wasser aus dem Dampf aufnimmt. So bekommen auch empfindliche Speisen mit Fisch oder aus Mehl gerade genügend Feuchtigkeit zum Garen, werden aber nicht durch herabtropfendes Wasser verdorben. Außerdem kann man die Körbe gut übereinander stapeln und so mehrere Gerichte auf einmal zubereiten.

Fisch, Fleisch, Geflügel und alle Gerichte mit Mehl oder Reis dämpft man bei starker Hitze mit viel Dampf. Nur Tofu und Eier brauchen niedrige Temperaturen.

Zum Dämpfen legt man in den Wok oder einen hohen Kochtopf einen Dreifuß oder Ring, auf dem der Dämpfkorb fest steht, ohne zu kippen. Ein umgedrehter Teller oder eine Tasse tun es auch, klappern aber vernehmlich beim Garen und sollten nicht zu Ihren besten Stücken im Porzellanschrank gehören. Den Wok oder Topf zu etwa einem Drittel mit Wasser füllen – es muss so bemessen sein, dass es den Dämpfkorb nicht berührt – und das Wasser zum Kochen bringen, damit sich genügend Dampf entwickelt.

Damit der Dampfstrom gut zirkulieren kann, wählt man einen Dämpfkorb, der kleiner im Durchmesser ist als Wok oder Topf, und legt ihn mit einem Nesseltuch aus, das sich gut reinigen lässt; in China nimmt man auch ein großes Kohl- oder Lotosblatt. Auf diese Unterlage kommen dem Rezept entsprechend die Zutaten, der Korb dann zugedeckt in den Wok oder Topf. Darauf einen Deckel legen.

Den Wasserstand von Zeit zu Zeit kontrollieren und gegebenenfalls Wasser nachgießen. Immer heißes Wasser nehmen; kaltes unterbricht den Garprozess, weil es sich erst erhitzen muss, damit sich Dampf bildet.

Braten im Wok

In der chinesischen Küche ist das Kurzbraten im Wok seit Jahrhunderten üblich, weil Aroma, Nährstoffe und »Biss« der Lebensmittel besonders gut erhalten bleiben. Außerdem kostet schnelles Braten weniger Energie als langes Schmoren. Zum Kurzbraten (Sautieren) werden die Lebensmittel so gleichmäßig wie möglich zerkleinert, damit sie auch gleichmäßig garen. Den Wok oder eine große Pfanne erhitzen, Öl zugeben und erhitzen. Nun die Lebensmittel darin unter ständigem Rühren garen – Gemüse, bis es gerade eben weich, gegarten Reis und gekochte oder vorgeweichte Nudeln, bis sie heiß sind.

Frittieren

Garen im Wok mit reichlich Öl ist in China sehr beliebt. Das Wichtigste ist die richtige Temperatur: Wenn Sie ein Stückchen Gemüse ins heiße Fett geben, fließt das Wasser

Wichtig beim schnellen Braten im Wok ist, dass Fleisch und Gemüse vorher möglichst klein geschnitten worden sind. Nur so können sie innerhalb kurzer Zeit gleichmäßig garen und bekommen den richtigen Biss.

aus den Zellen ins Fett, bildet eine dünne Dampfschicht um das Gemüsestück und verhindert so, dass das Stück verbrennt. Gleichzeitig wandert das Fett ins Frittiergut und gart es von innen. Je heißer das Fett, desto schneller läuft der Garprozess ab: Es bildet sich rasch eine Kruste, das Gemüsestückchen ist »versiegelt« und nimmt kein weiteres Fett mehr auf. Trotzdem ist der Fettgehalt von Frittiertem höher als von Gebratenem, und man lässt deshalb die Stückchen aus dem heißen Fett immer auf einer dicken Lage Küchenpapier abtropfen, bevor man sie anrichtet.

Für Lebensmittel in einer Teighülle, etwa bei süßsaurem Schweinefleisch oder Honigbananen, muss das Frittierfett gerade so heiß sein, dass die Teighülle schön bräunt und die Stücke darin gar werden. Bei zu kaltem Öl saugt sich der Teig voll, zu heißes macht ihn zu rasch braun. Die richtige Temperatur prüft man vorab mit einem Stückchen Weißbrot: Es sollte schnell im Öl bräunen.

Wichtig: Die Zubereitung der Sauce muss bei diesen Gerichten sehr rasch gehen, damit die gebackenen Stücke knusprig bleiben. Deshalb noch heiß in die Sauce geben. Muss man sie wieder erhitzen, wird die Teighülle weich.

Noch einfacher geht das Frittieren mit der Fritteuse, denn dann brauchen Sie die gewünschte Temperatur nur einzustellen. Wichtig: Immer frisches Öl nehmen – altes Öl schmeckt schnell ranzig!

Frisch und richtig heiß (etwa 180 °C) muss das zum Ausbacken verwendete Fett sein, damit sich das Gargut nicht vollsaugt und schön knusprig wird.

25

Grundrezepte

Viele Zubereitungen entsprechen denen der europäischen Küche. Nur beim Reis schwört jedes »Reisland« auf seine eigene Kochmethode. So wird er z. B. in China ganz anders als im Iran und in Japan anders als in Indien gekocht. Bei den Beilagen treffen sich unterschiedliche Kochregionen wieder: Kartoffeln gehören auch in China auf den Speisezettel, und Dampfnudeln werden im Norden Chinas genauso gerne gegessen wie in Bayern.

Fleisch- und Hühnerbrühe gibt es auch als ausgezeichnete Fonds im Glas oder als Instantbrühe aus Paste, Pulver und Würfel. Knochenbrühe allerdings – in China so beliebt, weil sie reichlich Mineralstoffe enthält und besonders gut zu Deftigem wie Sauerkrautsuppe mit Erbsen (siehe Seite 83) oder Makrelensuppe (siehe Seite 38) passt – muss man selbst kochen. Natürlich lässt sich die Brühe auf Vorrat zubereiten und portionsweise einfrieren.

DAMPFNUDELN

Für 5 Portionen

1 Päckchen Trockenhefe · 500 g Mehl · 1 kräftige Prise Salz · Mehl zum Formen
 Pergamentpapier zum Auslegen

Zubereitung

Die Herstellung von chinesischen Dampfnudeln ist ganz einfach. Sie müssen nur eine gute Stunde Wartezeit zum Aufgehen des Hefeteiges einplanen.

1 Die Hefe mit 1/8 Liter lauwarmem Wasser verrühren und zugedeckt bei Zimmertemperatur 15 Minuten ruhen lassen.

2 Das Mehl mit Salz und 1/8 Liter lauwarmem Wasser glatt rühren.

3 Die Hefemischung langsam zugießen und alles mit den Knethaken des Handrührgerätes etwa 5 Minuten durchrühren, bis der Teig Blasen bildet und sich vom Schüsselrand löst. Zugedeckt bei Zimmertemperatur etwa 1 Stunde gehen lassen, bis sich sein Volumen verdoppelt hat.

4 Den Teig mit bemehlten Händen kräftig durchkneten und zu einer Rolle von etwa 4 Zentimeter Durchmesser formen. Die Rolle in

10 Stücke schneiden und zu Kugeln formen.

5 Die Kugeln auf die bemehlte Arbeitsfläche legen und zugedeckt weitere 15 Minuten gehen lassen.

6 Den Dämpfkorb aus Bambus mit angefeuchtetem Pergamentpapier auslegen.

7 Wasser in einem Topf zum Kochen bringen.

8 Jeweils 5 Kugeln nebeneinander in den Dämpfkorb legen.

9 Die Kugeln im geschlossenen Dämpfkorb bei mittlerer Hitze etwa 12 Minuten dämpfen (siehe Seite 23).

Die Nudeln schmecken warm aus dem Dämpfkorb am besten.

FLEISCHBRÜHE

Für 6 Portionen

1 Zwiebel · 1 Bund Suppengrün · 1 Möhre · 1 Staudensellerie
500 g Rindfleisch zum Kochen · 300 g Suppenknochen · 1 Lorbeerblatt
1 TL schwarze Pfefferkörner · 1 TL Salz

Zubereitung

1 Die Zwiebel ungeschält halbieren. Das Suppengrün waschen und putzen. Die Möhre schälen, den Sellerie waschen.

2 Das Gemüse mit Fleisch, Knochen, Lorbeerblatt, Pfefferkörnern, Salz und 1 1/2 Liter kaltem Wasser in einen großen Topf geben.

3 Das Wasser bei mittlerer Hitze zum Kochen bringen. Einen Kochlöffel zwischen Topf und Deckel legen und das Fleisch bei schwacher

Hitze 2 Stunden ganz sanft kochen, aber die Brühe nicht sprudeln lassen.

4 Die Brühe etwas abkühlen lassen. Das Fleisch herausnehmen und als Suppeneinlage oder für ein anderes Gericht verwenden. Die Brühe durch ein Sieb gießen und Gemüse, Gewürze und Knochen wegwerfen.

5 Die Fleischbrühe nach Wunsch ganz erkalten lassen und das erstarrte Fett mit einem Löffel abnehmen.

Wenn Ihnen die Zubereitung zu aufwändig ist, können Sie zum Kochen ohne weiteres auch fertigen Fleischfond aus dem Glas verwenden.

Tipp Für eine besonders kräftige Brühe zuerst nur die Knochen mit Gemüse, Gewürzen und Salz etwa 1 Stunde kochen. Die Brühe wieder auf 2 Liter auffüllen und kalt werden lassen. Mit Fleisch, den Knochen, frischem Gemüse und Gewürzen garen.

Die selbst gemachte klare Hühnerbrühe schmeckt solo, ist aber auch eine gute Basis für andere Suppen.

HÜHNERBRÜHE

Für 8 Portionen

1 Suppenhuhn von etwa 1 kg · 2 Bund Suppengrün· 1 Knoblauchzehe
1 Zwiebel · 1 Bund Petersilie · 4 weiße Pfefferkörner · 1 Lorbeerblatt · 1 TL Salz

Der Schaum, der sich auf allen Brühen mit Geflügel, Fleisch oder Knochen bildet, besteht hauptsächlich aus Eiweiß, das sich beim Kochen aus Fleisch und Bindegewebe löst.

Zubereitung

1 Das Huhn innen und außen kalt abspülen. 2 Liter Wasser in einem Topf aufkochen, das Huhn zugeben und zum Kochen bringen. Zugedeckt bei schwacher Hitze 45 Minuten garen.
2 Inzwischen das Suppengrün waschen, putzen und grob zerkleinern. Den Knoblauch und die Zwiebel abziehen und halbieren. Die Petersilie waschen. Alle Zutaten, die Pfefferkörner und das Lorbeerblatt zum Huhn geben.
3 Das Salz zufügen und alles weitere 45 Minuten knapp unter dem Siedepunkt garen, bis das Huhn weich ist.
4 Das Huhn herausnehmen und das Fleisch als Suppeneinlage oder für ein anderes Gericht verwenden.
5 Die Brühe durch ein Sieb gießen, nach Wunsch ganz erkalten lassen und das erstarrte Fett abnehmen.

KNOCHENBRÜHE

Für 6 Portionen

1 Zwiebel · 1 Tomate · 2 Bund Suppengrün · 2 Stangen Staudensellerie · 1 Möhre
1 Bund Petersilie · 1 EL Öl · 500 g klein gehackte Knochen · 1 Lorbeerblatt · 1 TL Salz

Zubereitung

1 Die Zwiebel ungeschält halbieren. Die Tomate waschen und halbieren. Suppengrün und Sellerie waschen, putzen und grob zerkleinern. Die Möhre schälen und in Stücke schneiden. Die Petersilie waschen und grob hacken.
2 Das Öl erhitzen. Zwiebel, Tomate, Gemüse, Petersilie und Knochen darin rundherum leicht bräunen. 1 1/2 Liter Wasser zugießen, Lorbeerblatt und Salz zugeben.

3 Das Wasser bei mittlerer Hitze zum Kochen bringen. Den Schaum mit einem Schaumlöffel abnehmen.
4 Einen Kochlöffel zwischen Topf und Deckel legen und die Brühe bei schwacher Hitze 2 Stunden sanft kochen, aber nicht sprudeln lassen.
5 Die Brühe etwas abkühlen lassen, durch ein Sieb gießen, Gemüse, Gewürze und Knochen wegwerfen. Kalte Knochenbrühe entfetten.

Für die Brühe nehmen Sie entweder rohe Knochen, etwa Rindersuppenknochen, Spareribs vom Schwein oder beliebige Knochen vom Lamm. Weil Knochen beim zweiten Garen erst voll ausgenutzt werden, können Sie auch die von einem Braten verwenden, die vor dem Servieren ausgelöst worden sind.

REIS

Für 4 Portionen

4 Tassen Langkornreis · 5 Tassen Wasser

Zubereitung

1 Den Reis in kaltem Wasser kräftig »durchkneten«, damit die Stärke abgewaschen wird.
2 Das Wasser abgießen. Den Reis mit frischem Wasser nochmals waschen. Diesen Vorgang ein weiteres Mal wiederholen. Den Reis auf ein Sieb abgießen und abtropfen lassen.

3 Mit dem abgemessenen Wasser in einen Topf geben und bei starker Hitze rasch aufkochen.
4 Die Temperatur reduzieren und den Reis im geschlossenen Topf bei schwächster Hitze 20 Minuten garen.
5 Den Reis weitere 10 Minuten auf der abgeschalteten Kochstelle ruhen lassen.

Messen Sie den Reis am besten in Tassen ab, denn es kommt nur auf das Verhältnis von Reis und Wasser an – die Mengen können Sie auf die Personenzahl abstimmen.
Wichtig: Den Topfdeckel während des Kochens und Ruhens nicht abnehmen.

Die Energie bündeln

Selbstverständlich gibt Essen Kraft – das merken wir jedes Mal, wenn wir unseren Hunger stillen. Dass es auch Stress abbaut, hängt mit der beruhigenden Wirkung mancher Lebensmittel zusammen. Einige Gerichte entzünden ein sanftes Feuer im Körper, das die Müdigkeit vertreibt, andere machen die Bahn frei für den Fluss der Körpersäfte.

Eine gute Suppe stärkt und baut auf.

TCM-Empfehlung
- **Bei Abgeschlagenheit und Schwäche.**
- **Bei chronischer Bronchitis.**
- **Bei Verstopfung.**

HÜHNERSUPPE MIT MANDELN

Unsere Großmütter wussten noch um die segensreiche Wirkung von Hühnerbrühe. Dann geriet das alte Hausmittel für Kranke und Genesende in Vergessenheit. Jetzt entdecken wir es wieder durch die chinesische Heilküche.
Tipp Bei uns bereitet man mit dem Fleisch Ragout oder Frikassee zu. In der Chinaküche serviert man dagegen nur die Brühe.

Für 4–5 Portionen

60 g ganze Mandeln · 1 Suppenhuhn · 3–4 Zweige Koriandergrün, Basilikum oder Petersilie · Salz

Zubereitung

1 Die Mandeln mit kochendem Wasser übergießen und etwa 5 Minuten ziehen lassen. Abgießen, mit kaltem Wasser abspülen und die braune Haut entfernen.

2 In einem großen Topf 2 Liter Wasser aufkochen. Das Suppenhuhn kalt abspülen, in den Topf geben und rasch zum Kochen bringen. Im offenen Topf bei schwacher Hitze 5 Minuten kochen.

3 Den Schaum abschöpfen, der sich beim Kochen bildet, und die Mandeln in die Brühe geben.

4 Das Huhn etwa 1 Stunde bei schwacher Hitze sanft kochen. Die Kräuter waschen und fein zerkleinern.

5 Das Huhn herausnehmen und anderweitig verwenden. Die Brühe mit Salz würzen und mit Kräutern bestreut servieren.

WEISSKOHLSUPPE

Die Anti-Frust-Suppe für jede Jahreszeit: im Sommer mit dem zarten Frühweißkohl, sonst mit kräftigem Winterkraut.

Für 2 Portionen

200 g Weißkohl · 2 mittelgroße Kartoffeln · 2 Tomaten · 400 ml Hühnerbrühe
1/2 Bund Schnittlauch oder Petersilie · Salz

Zubereitung

1 Den Weißkohl waschen, trocknen und nicht zu fein zerkleinern. Die Kartoffeln waschen, schälen und würfeln. Die Tomaten waschen und achteln.
2 Die Kartoffeln mit der Brühe in einem Topf aufkochen. Weißkohl und Tomaten zufügen, erneut aufkochen und zugedeckt bei schwacher Hitze etwa 30 Minuten kochen.
3 Die Kräuter waschen, trocknen und fein zerkleinern. Die Suppe mit Salz würzen und mit den Kräutern bestreuen.

**TCM-Empfehlung
Bei Schlappheit, Leistungsschwäche, Lustlosigkeit und Appetitmangel.**

Wer die Suppe lieber sämig mag, nimmt mehlige Kartoffeln, wer sie klar wünscht, eine fest kochende oder vorwiegend fest kochende Sorte.

SCHWEINEFÜSSE-SUPPE MIT KORIANDER

Schweinefüße gehören in der Schweiz und im Französischen Jura in deftige Eintöpfe, in Bayern zur Knöcherlsülz.

Für 2 Portionen

2–3 Schweinefüße (ca. 250 g) · 30 g frische Korianderstängel · 1 TL Salz

Zubereitung

1 Die Schweinefüße waschen, in kochendem Wasser etwa 5 Minuten kochen und abgießen. Mit 1 Liter frischem Wasser zum Kochen bringen und bei schwacher Hitze etwa 1 Stunde kochen.
2 Die Schweinefüße herausnehmen und das Fleisch von den Knochen lösen. Den Koriander waschen, trocknen und die Stängel in etwa 2 Zentimeter lange Stücke schneiden.
3 Die Brühe nach Wunsch entfetten, das Fleisch wieder zugeben und die Suppe nochmals erhitzen. Mit Salz würzen, mit dem Koriander bestreuen und servieren.

**TCM-Empfehlung
Regt den Milchfluss bei jungen Müttern an und sorgt besonders während der Stillzeit für frische Energie. Achtung: Bei Hautleiden wie Furunkeln und Geschwüren darf man die Suppe nicht essen.**

31

ENTENSUPPE MIT AUSTERNPILZEN

TCM-Empfehlung
Bei Kraft- und Appetit-
losigkeit, die durch
schwaches Yin der
Nieren verursacht ist,
einmal pro Tag essen.

Am besten eignet sich
eine junge, magere
Flugente; Hausenten
sind zu fett. Noch
schneller geht es mit
Flugentenbrust, die
man gleich mit den Pil-
zen garen kann.

Die Suppe ist genau richtig, wenn Stress an Seele, Geist und Körper zehrt oder wenn man nach einer Krankheit wieder auf die Beine kommen will.

Für 3 Portionen

1/4 Flugente (ca. 500 g) · 100 g Austernpilze · 6–8 Halme Schnittlauch

Zubereitung

1 Die Ente kalt abspülen, in 1 Liter kochendes Wasser geben und langsam zum Kochen bringen. Die Ente etwa 1 1/2 Stunden sanft kochen, bis das Fleisch fast weich ist.

2 Das Geflügel herausnehmen. Das Fleisch von den Knochen lösen, in mundgerechte Stücke schneiden und wieder in die Brühe geben. Die Brühe nach Wunsch entfetten.

3 Die zähen Stiele der Austernpilze entfernen und die Pilzhüte in kleine Stücke schneiden. Die Pilzstücke in die Suppe geben, erneut leicht aufkochen und 10 Minuten bei schwacher Hitze garen, bis das Fleisch ganz zart ist.

4 Die Schnittlauchhalme waschen, trocknen, in feine Röllchen schneiden und über die Suppe streuen.

Die Entensuppe besticht durch ihre Schlichtheit und den kräftigen Geflügelgeschmack.

RINDFLEISCHSUPPE

Eine gute Brühe schmeckt, wenn man sich schwach fühlt. Und der Ingwer macht warm und kurbelt die Energie an.

Für 2 Portionen

250 g Rindfleisch zum Kochen (flache Schulter oder Hesse)
1 Stück frischer Ingwer (etwa 3 cm) · 1/2 Bund Schnittlauch oder einige Blättchen Petersilie · Salz

Zubereitung

1 Das Rindfleisch in kleine Stücke schneiden. Den Ingwer schälen und in 4 Scheiben schneiden.
2 Das Fleisch mit dem Ingwer und 900 Millilitern Wasser langsam zum Kochen bringen und bei schwacher Hitze etwa 1 1/2 Stunden sanft kochen. Dabei einen Kochlöffel zwischen Topf und Deckel legen, damit der Topf nicht ganz geschlossen ist.
3 Den Schnittlauch waschen, trocknen und in feine Röllchen schneiden. Die Suppe mit Salz abschmecken und mit dem Schnittlauch bestreut servieren.

TCM-Empfehlung
• Führt Milz und Magen verbrauchte Energie zu. Dies fördert die Verdauung, hilft beim Aufbau von Blut und nährt die Muskeln. Bei Schwäche, Abgeschlagenheit und Magenproblemen sollte man die Suppe häufig essen.
• Je länger die Kochzeit, umso mehr wärmt die Suppe den Organismus.

GEBRATENER KÜRBIS

Goldgelber Kürbis bringt Farbe in graue Herbsttage und vertreibt die Müdigkeit.

Für 1–2 Portionen

250 g Kürbisfleisch · 1 Frühlingszwiebel · 2 EL Öl · Salz

Zubereitung

1 Das Kürbisfleisch in mundgerechte Würfel schneiden. Die Frühlingszwiebel putzen, waschen, trocknen und mit dem saftigen Zwiebelgrün fein zerkleinern.
2 Das Öl im Wok erhitzen und die Frühlingszwiebel darin bei mittlerer Hitze unter Rühren braten, bis sie duftet.
3 Den Kürbis dazugeben und unter Rühren braten, bis er gerade eben weich ist. Mit Salz abschmecken und sofort servieren.

TCM-Empfehlung
Kürbis baut die Energie auf, weil er das Qi (siehe Seite 13) fördert und Milz und Magen stärkt. Vorsicht ist geboten, wenn man zu Blähungen neigt.

Wie lange der Kürbis braten muss, hängt von der Sorte ab: Kräftiger Riesenkürbis braucht etwa 5 Minuten, zarter Wachskürbis ist schon nach 2 bis 3 Minuten gar.

GEBRATENE PEPERONI MIT HÄHNCHEN

Für 2 Portionen

Marinade: 1 TL Speisestärke · 1 EL Sherry medium · Salz · 1 TL Öl

Außerdem: 100 g Hähnchenbrustfilet · 200 g frische Peperoni · 4 EL Öl · Salz

Zubereitung

1 Für die Marinade die Speisestärke mit dem Sherry glatt rühren. Etwas Salz und das Öl unterrühren.

2 Das Fleisch waschen, trockentupfen und quer zur Faser in dünne Streifen schneiden. Mit der Marinade mischen und etwa 20 Minuten zugedeckt ziehen lassen.

3 Die Peperoni waschen und trocknen. Die Stiele entfernen, die Schoten der Länge nach aufschneiden, von Kernen und Trennwänden befreien und in Streifen schneiden.

4 Das Öl im Wok stark erhitzen. Das Fleisch mit der Marinade zugeben und bei starker Hitze unter ständigem Wenden etwa 1 Minute kräftig anbraten, bis es weiß ist. Wieder herausnehmen.

5 Das Öl bis auf etwa 2 Esslöffel aus dem Wok schöpfen. Die Peperoni im Wok bei mittlerer Hitze etwa 1 Minute unter Rühren braten, bis sie glasig sind, und salzen.

6 Das Fleisch zugeben, alles rasch mischen und mit Salz abschmecken. Zu frisch gekochtem Reis servieren.

SÜSSSAURES SCHWEINEFLEISCH

Es gehört zu den berühmtesten Gerichten aus dem Reich der Mitte – vielleicht, weil ès Feinschmecker und Gesundheitsbewusste gleichermaßen erfreut?

Für 2 Portionen

Teig: 1 mittelgroßes Ei · 1 Prise Salz · 2 gestrichene EL Mehl

1/2 EL Speisestärke

Fleisch: 150 g Schweinefleisch zum Kurzbraten (siehe Seite 24)

1 Frühlingszwiebel · 1 Stück frischer Ingwer (etwa 2 cm) · 1 Knoblauchzehe

Sauce: 5 EL Hühnerbrühe · 4 EL Obstessig · 1 EL helle Sojasauce

1 1/2 EL Zucker · 1 Prise Salz · 1 TL Speisestärke

Außerdem: etwa 250 ml Öl zum Braten und Frittieren

TCM-Empfehlung
Gut im Anfangsstadium einer Erkältung, wenn man fröstelt und sich klamm fühlt: Chilis vertreiben die Feuchtigkeit, Hähnchenfleisch stärkt Milz und Magen. Achtung: Das Gericht darf man nicht essen bei
• Bluthochdruck
• Magengeschwür
• Hämorrhoiden
• Augenleiden wie Glaukom, Gerstenkorn und Schwellungen. Vorsicht ist geboten bei Zahnschmerzen und Halsschmerzen – beide Beschwerden sind Zeichen von Entzündungen, die sich durch die Chilischärfe verstärken können.

Zubereitung

1 Für den Teig Ei und Salz mit einer Gabel kräftig verquirlen. Das Mehl und die Speisestärke mischen, in eine Schüssel sieben und mit 4 Esslöffeln kaltem Wasser glatt rühren. Das verquirlte Ei untermischen und eventuell noch 2 bis 3 Esslöffel Wasser zufügen, bis ein dünnflüssiger Eierkuchenteig entstanden ist.

2 Das Fleisch waschen, trockentupfen und in etwa 2 Zentimeter lange und 1/2 Zentimeter dicke Stücke schneiden. Die Fleischstücke mit dem Teig vermischen und ruhen lassen.

3 Die Frühlingszwiebel waschen, putzen und zusammen mit dem saftigen Zwiebelgrün fein zerkleinern. Den Ingwer schälen, den Knoblauch abziehen und beides fein hacken.

4 Für die Sauce die Brühe (oder Wasser) mit dem Essig und der Sojasauce mischen. Zucker, Salz und Speisestärke zugeben und rühren, bis sich der Zucker vollständig aufgelöst hat.

5 In einem Topf das Öl zum Frittieren erhitzen. Die Fleischwürfel darin portionsweise bei mittlerer Hitze goldgelb ausbacken. Mit einem Schaumlöffel herausnehmen und auf Küchenpapier abtropfen lassen.

6 Vom Frittierfett 1 Esslöffel abnehmen und im Wok erhitzen. Frühlingszwiebel, Ingwer und Knoblauch darin bei schwacher Hitze braten, bis sie duften. Die Sauce untermischen und unter Rühren dickflüssig kochen.

7 Das Fleisch kurz untermischen und sofort zu frisch gekochtem Reis servieren.

TCM-Empfehlung
- **Bei Appetitlosigkeit durch Lustlosigkeit und Energiemangel.**
- **Bei Schwindel und Schwäche durch niedrigen Blutdruck.**

Die Zubereitung der Sauce sollte rasch gehen, damit das frittierte Fleisch knusprig bleibt. Deshalb nicht abkühlen lassen, sondern heiß in die Sauce geben. Muss man es wieder erhitzen, wird die Teighülle weich.

RINDFLEISCH MIT ZWIEBELN

Das Gericht ist sehr kalorienarm und schenkt trotzdem Energie. Der positive Effekt beruht eben nicht auf vielen Kalorien, sondern ergibt sich durch die Zwiebeln: Sie lassen uns »warmlaufen« und sorgen so für Wohlbefinden.

Für 2 Portionen

Marinade: 1 EL Speisestärke · 1/2 EL helle Sojasauce · 1 Eiweiß

Sauce: 1 TL Zucker · 1 EL helle Sojasauce · 1/2 EL Sherry medium

Außerdem: 250 g Rinderfilet · 200 g Zwiebeln · 5 EL Öl · eventuell Salz

Zubereitung

1 Das Fleisch trockentupfen und quer zur Faser in möglichst dünne Scheiben schneiden.

2 Für die Marinade die Speisestärke mit der Sojasauce glatt rühren. Das Eiweiß mit einer Gabel leicht schaumig schlagen und untermischen. Das Fleisch damit mischen und zugedeckt 20 Minuten ziehen lassen.

3 Für die Sauce 2 Esslöffel kaltes Wasser mit Zucker, Sojasauce und Sherry mischen.

4 Die Zwiebeln abziehen, halbieren und die Hälften der Länge nach in Streifen schneiden.

5 Das Öl im Wok stark erhitzen. Das Fleisch darin bei starker Hitze unter Rühren braten, bis die Scheiben nicht mehr rot sind, und herausnehmen.

6 Gegebenenfalls etwas Öl abschöpfen, so dass nur etwa 3 Esslöffel Öl im Wok bleiben. Die Zwiebeln darin bei schwacher bis mittlerer Hitze gerade eben weich braten.

7 Das Fleisch und die Sauce dazugeben. Alles unter Rühren noch einmal rasch erhitzen, eventuell noch mit etwas Salz abschmecken und sofort zu frisch gekochtem Reis servieren.

TCM-Empfehlung
Bei Appetitlosigkeit durch Energiemangel. Achtung: Das Gericht darf man nicht essen
• bei Entzündungen
• bei Lippenherpes
• bei fiebrigen Erkrankungen und allen Beschwerden, die durch starke Körperhitze verursacht werden.

RINDFLEISCH MIT KARTOFFELN

Eigentlich ein Gulasch, wie wir es auch kennen. Doch Sojasauce und Sherry steuern exotische Würze bei, Ingwer entzündet ein mildes Feuer im Inneren, das für Energie sorgt.

TCM-Empfehlung
Bei geistiger und körperlicher Schwäche.

Für 2 Portionen

200 g Rindfleisch zum Schmoren · 1 Stück frischer Ingwer (etwa 4 cm)
2 EL dunkle Sojasauce · 2 EL Sherry medium · Salz · 3 EL Öl
300 g vorwiegend fest kochende Kartoffeln

Zubereitung

1 Das Rindfleisch trockentupfen und in kleine Würfel schneiden. Den Ingwer schälen und in Scheiben schneiden. Sojasauce, Sherry und etwas Salz verrühren.

2 Das Öl im Wok erhitzen. Den Ingwer darin bei schwacher Hitze unter Rühren braten, bis er duftet. Das Fleisch zufügen und bei mittlerer Hitze unter Rühren anbraten.

Rindfleisch zum Schmoren sollte durchwachsen sein, damit es saftig bleibt, etwa Hüfte oder Kugel.

3 Die Soja-Sherry-Sauce zusammen mit 200 Milliliter Wasser untermischen und alles einmal kurz aufkochen lassen. Das Fleisch zugedeckt bei schwacher Hitze 1 Stunde sanft kochen.

4 Die Kartoffeln waschen, schälen und in Würfel schneiden. Zum Fleisch geben, aufkochen und alles zugedeckt weitere 15 bis 20 Minuten garen. Zu frisch gekochtem Reis servieren.

Kürbisbrei mit Reis und Datteln

Wenn Seele, Geist und Körper nicht richtig in Gang kommen wollen, hilft dieser süße Brei.

Für 2 Portionen
50 g Kürbisfleisch · 10 getrocknete chinesische Datteln · 60 g Klebreis
2 EL Rohrzucker

Zubereitung
1 Das Kürbisfleisch würfeln. Die Datteln waschen, halbieren und gegebenenfalls entkernen.
2 Beide Zutaten mit dem Klebreis und 1/2 Liter Wasser in einen Topf geben, aufkochen und zugedeckt bei schwacher Hitze etwa 30 Minuten sanft kochen.
3 Mit dem Zucker abschmecken und warm servieren.

TCM-Empfehlung
Bei Energiemangel im Bereich »der Mitte« (siehe Seite 14), wenn der Magen geschwächt ist, ein- bis zweimal täglich essen und die Behandlung über 5 bis 7 Tage fortsetzen.

Kirschen mit Honig

Kirschen statt Kaffee in der Frühstückspause (am besten in einem Schraubglas mitnehmen!) ist ein frühsommerlicher Snack, der den kleinen Hunger stillt und für Energie sorgt.

Für 1 Portion
200 g Sauerkirschen · 1–2 EL Honig

Zubereitung
1 Die Kirschen waschen, abzupfen und entsteinen. In einen Topf geben, aufkochen und zugedeckt bei schwacher Hitze etwa 30 Minuten sanft kochen.
2 Den Honig zugeben. Die Kirschen abkühlen lassen.

TCM-Empfehlung
• Gedünstete Kirschen mit Honig spenden Energie.
• Sie geben auch nach einer schweren Krankheit Kraft, fördern das seelische und körperliche Gleichgewicht.

Gesundheit und richtige Ernährung sind ein ständiger Balanceakt.

Ins Gleichgewicht bringen

Trotz reichlich gefüllter Teller macht uns der Mangel zu schaffen – Jod und Eisen gehören zu den Stoffen, die in der Ernährung der meisten Menschen zu kurz kommen. Schwacher Blutdruck macht lustlos, eine schwache Blase quält und verunsichert. Doch all das lässt sich durch richtiges Essen lindern und sogar beheben. Gleiches gilt für ein Zuviel: Cholesterinwerte und Bluthochdruck können wir regulieren, wenn wir unseren Speisezettel nur ein wenig ändern.

MAKRELENSUPPE

TCM-Empfehlung
• Bei niedrigem Blutdruck und Müdigkeit.
• Bei Menstruationsbeschwerden mit Schmerzen und unregelmäßiger Blutung.

Natürlich gibt eine kräftige Mahlzeit uns Kraft. Doch die TCM geht noch weiter und empfiehlt diese Suppe mit Makrelenklößchen für einen regelmäßigen Energieschub, der für seelisches Gleichgewicht sorgt und uns jung erhält.

Für 4 Portionen

250 g frische Makrelenfilets · 60 g Kürbisfleisch · 3 TL Speisestärke
1/2 TL Salz · 1 l Geflügelbrühe · 1/2 Bund Schnittlauch

Orangefarbener Kürbis ist bei den meisten Gemüsehändlern einfach zu bekommen.

Zubereitung

1 Die Filets waschen, trockentupfen und fein hacken. Esslöffelweise 100 Milliliter kaltes Wasser zufügen und jeweils gut mischen.
2 Den Kürbis waschen, trockentupfen und fein raspeln. Mit den Händen ausdrücken, damit die Raspel möglichst trocken sind. Kürbis, Speisestärke und Salz zum Fisch geben und alles gut vermischen. Die Masse mit angefeuchteten Händen zu etwa 2 Zentimeter großen Klößchen formen.
3 Die Brühe in einem Topf aufkochen, die Klößchen zufügen und bis knapp unter den Siedepunkt erhitzen, aber nicht mehr aufkochen. Die Makrelenklößchen 5 Minuten bei schwacher Hitze sanft kochen.
4 Den Schnittlauch waschen, trocknen und in feine Röllchen schneiden. Die Suppe damit bestreuen.

SALAT VON SPINAT UND GLASNUDELN

Ein kleiner Imbiss, der mit frisch gekochtem Reis zur leichten Hauptmahlzeit wird.

Für 1 Portion

1/2 EL Erdnusspaste · 1/2 EL scharfer Senf · 1 EL Essig
1 EL helle Sojasauce · 1/2 TL Zucker · 1/2 TL Salz · 1/2 EL Sesamöl
250 g frischer Spinat · 1 Knoblauchzehe · 50 g Glasnudeln

**TCM-Empfehlung
Bei Nervosität durch
Magnesium-Mangel.**

Zubereitung

1 Die Erdnusspaste mit dem Senf und esslöffelweise so viel kaltem Wasser verrühren, dass die Sauce etwa die Konsistenz von Dickmilch hat. Essig, Sojasauce, Zucker, Salz und Sesamöl untermischen.

2 Den Spinat verlesen, mehrmals waschen und trocknen. Den Knoblauch abziehen und fein hacken oder zerdrücken.

3 Eine Schüssel mit kaltem Wasser und einigen Eiswürfeln füllen. Reichlich Wasser in einem weiten Topf aufkochen. Den Spinat auf ein Sieb geben. Zuerst einige Sekunden in das sprudelnd kochende Wasser tauchen, bis er weich und intensiv grün ist, und mit dem Sieb ins Eiswürfelwasser tauchen. Herausnehmen, mit den Händen leicht ausdrücken und in eine Schüssel geben. Die Spinatblätter mit zwei Gabeln lockern.

4 Die Glasnudeln in kochendem Wasser etwa 3 Minuten garen, bis sie weich sind. Auf das Sieb abgießen, kalt abspülen und abtropfen lassen. Mit einer Küchenschere in 10 Zentimeter lange Stücke schneiden und zum Spinat geben. Den Knoblauch und die Erdnusscreme zugeben und alles gut mischen.

Tipp Damit die Sauce schön glatt wird, sollten Sie die Erdnusspaste zuerst mit Wasser anrühren und erst dann mit den anderen Zutaten mischen. Durch die Essigsäure kann die Paste klumpen und lässt sich dann nur noch schwer verarbeiten.

GEBRATENE ZWIEBELN

TCM-Empfehlung
- **Bei Bluthochdruck.**
- **Bei zu hohen Choles-**
terinwerten.
- **Bei Arteriosklerose.**
Vorsicht ist geboten
- **bei Sodbrennen oder**
- **bei starker Verschlei-**
mung; dann darf man
nur wenig von den
Zwiebeln essen.

Seit Jahrhunderten gehören Zwiebeln überall zu den wichtigsten Naturheilmitteln.

Für 1 Portion

100 g Zwiebeln · 2 EL Öl · Salz

Zubereitung

1 Die Zwiebeln abziehen, halbieren und quer zu den Fasern in dünne Streifen schneiden.

2 Das Öl im Wok oder in einer Pfanne erhitzen. Die Zwiebeln darin bei schwacher Hitze unter Rühren braten, bis sie glasig, aber noch knackig sind.

3 Die Zwiebeln mit Salz abschmecken und heiß zu frischem Brot oder Reis und Tomatensalat servieren.

GEBRATENE BAMBUSSPROSSEN MIT INGWER

TCM-Empfehlung
- **Wegen der vielen Bal-**
laststoffe helfen Bam-
bussprossen bei
Verstopfung.
- **Sie unterstützen die**
Nieren bei der Regulie-
rung des Wasserhaus-
haltes.
- **Sie helfen bei der**
Gewichtsreduzierung.
- **Sie beugen Bluthoch-**
druck und hohen Cho-
lesterinwerten vor.

Jede Woche eine Mahlzeit mit Bambussprossen hält den Stoffwechsel in Gang. Denn das zarte Gemüse hilft Darm und Nieren bei der Arbeit.

Für 1 Portion

200 g frische Bambussprossen · 1 Stück frischer Ingwer (etwa 2 cm)
3 EL Öl · Salz

Zubereitung

1 Die Bambussprossen abschälen und in dünne Streifen schneiden (siehe Seite 20). Den Ingwer schälen und fein zerkleinern.

2 Das Öl im Wok erhitzen und den Ingwer darin bei mittlerer Hitze braten, bis er duftet.

3 Die Bambussprossen zufügen und etwa 3 Minuten unter Rühren braten. Mit Salz würzen und sofort servieren.

Achtung: Bei Magenbeschwerden, Durchfall, Gallen- und Nierensteinen darf man Bambussprossen nicht essen. Senioren sollten Bambussprossen nur selten essen.

AUBERGINENSCHEIBEN MIT DUFTIGER SAUCE

Das richtige Essen für den Herbst: Kühle Auberginen in einer Sauce mit Frühlingszwiebeln, Ingwer, Knoblauch und Chilipaste, die angenehme Wärme spendet. Ohne diese Zutaten wären die Auberginen für die kalte Jahreszeit zu stark Yin-betont, d. h. der Körper bekäme zu viel Feuchtigkeit und Kälte.

Für 2 Portionen

Sauce: 1 TL scharfe Bohnenpaste · 1 TL Chilipaste · 2 EL helle Sojasauce
4 EL Essig · 1 EL Rohrzucker · 1 Prise Pfeffer aus der Mühle · 1 Tasse Wasser
Teig: 60 g Mehl · 1 TL Salz · 1 Ei
Außerdem: 1 mittelgroße Aubergine (etwa 200 g) · 1 Frühlingszwiebel
1 Knoblauchzehe · 1 Stück frischer Ingwer (etwa 2 cm) · 6–7 EL Öl
1 TL Speisestärke

Zubereitung

1 Alle Zutaten für die Sauce verrühren.

2 Für den Teig Mehl, Salz und knapp 1/8 Liter kaltes Wasser mit einem Schneebesen glatt rühren. Das Ei verquirlen und unterrühren.

3 Die Aubergine waschen, längs halbieren und in etwa 1/2 Zentimeter dicke und 5 Zentimeter lange Scheiben schneiden.

4 Die Frühlingszwiebel waschen, putzen und mit dem Grün schräg aufschneiden (siehe Seite 20). Den Knoblauch abziehen, den Ingwer schälen und beides fein zerkleinern.

5 Im Wok 4 Esslöffel Öl erhitzen. Die Auberginenscheiben portionsweise in den Teig tauchen und im Öl bei mittlerer Hitze goldbraun braten. Dabei gegebenenfalls noch Öl zugeben. Die Auberginen herausnehmen und auf Küchenpapier kurz abtropfen lassen.

6 Das Öl im Wok auf etwa 3 Esslöffel ergänzen und Frühlingszwiebel, Ingwer und Knoblauch darin kurz anbraten, bis sie duften.

7 Die Sauce dazugeben und aufkochen. Die Speisestärke mit 1 Esslöffel kaltem Wasser glatt rühren, zufügen und rühren, bis die Sauce dickflüssig ist. Die Auberginen mit der Sauce übergießen und zu Reis servieren.

TCM-Empfehlung
• Bei Bluthochdruck.
• Bei zu hohen Cholesterinwerten.
Achtung: Das Gericht darf man nicht essen bei Beschwerden aufgrund von zu schwachem Yin (siehe Seite 10), etwa
• bei Durchfall
• bei Frösteln
• bei Erkältung mit Schnupfen.

41

GEBRATENE EIER MIT STAUDENSELLERIE

Für 1 Portion

1 kleine Stange Staudensellerie (etwa 50 g) · 2 Eier · 4 EL Öl · Salz

Zubereitung

TCM-Empfehlung
Bei Bluthochdruck.

1 Den Sellerie waschen und quer in 4 Zentimeter lange Stücke schneiden. Die Stücke in dünne Streifen teilen.
2 Die Eier in einer Schüssel aufschlagen und mit dem Schneebesen oder der Gabel schaumig schlagen.
3 Im Wok 3 Esslöffel Öl stark erhitzen. Die Eier darin rasch braten, in kleine Stücke zerteilen und wieder herausnehmen.
4 Das restliche Öl in den Wok geben und den Sellerie darin bei mittlerer Hitze unter Rühren braten, bis er glasig ist.
5 Die Eier wieder untermischen und alles nochmals erhitzen. Mit Salz abschmecken und sofort servieren.

HÄHNCHEN MIT MARONEN

TCM-Empfehlung
• **Stärkt die Yang-Ener-**
gie und hilft bei niedri-
gem Blutdruck.
• **Bei Milz- und Magen-**
schwäche mit Appetit-
losigkeit und Verdau-
ungsbeschwerden.

Das Gericht wird ähnlich zubereitet wie Ente mit Maronen (siehe Seite 77), wirkt aber anders.

Für 4 Portionen

300 g Hähnchenbrustfilet · 2 Frühlingszwiebeln · 2 EL Sherry medium
2 EL dunkle Sojasauce · 2 EL Öl · 2 Stück Sternanis
200 g geschälte Maronen (siehe Seite 21) · Salz

Zubereitung

Noch saftiger
schmecken Hähnchen-
keulen: 2 Keulen ohne
Haut und Knochen
ergeben etwa
300 Gramm Fleisch.

1 Das Fleisch kalt abspülen, gut trockentupfen und in knapp fingerbreite Streifen schneiden.
2 Die Frühlingszwiebeln waschen, putzen und mit dem saftigen Zwiebelgrün in Ringe schneiden.
3 Für die Kochbrühe den Sherry mit der Sojasauce und 400 Millilitern heißem Wasser mischen.
4 Das Öl im Wok erhitzen. Die Hähnchenstücke darin bei starker bis mittlerer Hitze rundherum anbraten, bis es sich weiß färbt. Die Frühlingszwiebeln und den Sternanis zufügen und einige Male umrühren.

5 Die geschälten Maronen (siehe Seite 21) und die Kochbrühe zugießen und einmal aufkochen. Das Hähnchen zugedeckt bei schwacher Hitze 10 Minuten garen und alles mit Salz abschmecken.

SELLERIESAFT

Saftige, kleine Selleriestangen eignen sich für einen Saft, der den Stoffwechsel fördert. Nehmen Sie nur zarte innere Selleriestangen. Bei den äußeren Stangen mit ihren vielen Fasern ist die Saftausbeute zu gering.

Für 3 Portionen
300 g kleine, zarte Selleriestangen · 6 EL Honig

Zubereitung
1 Den Sellerie waschen, trockentupfen und im Entsafter auspressen.

2 Den Selleriesaft mit dem Honig vermischen und sofort servieren.

TCM-Empfehlung
• **Bei erhöhtem Cholesterinspiegel**
• **bei Arteriosklerose**
• **bei Nierenschmerzen**
• **bei Blasenschwäche**
dreimal täglich 40 Milliliter von dem Saft trinken.

Zuerst gebraten, dann in Brühe sanft gekocht: zarte Hähnchenbrust mit Maronen.

HONIGMELONE MIT TAPIOKAPERLEN IN KOKOSMILCH

TCM-Empfehlung
• Bei Unruhe und trockenem Mund – ein Zeichen, dass man seine »Mitte« wieder ins Lot bringen sollte.
• Bei Blasenschwäche. Achtung: Das Dessert darf man nicht essen
• bei Durchfall
• bei Magenbeschwerden, gleich welcher Art.

Ein Dessert fürs gesunde Gleichgewicht: Honigmelone kühlt, während Tapioka und Kokosmilch wärmen. In China gehört es zu den typischen Gerichten für Herbst und Winter. Tapioka gibt es übrigens in Chinaläden. (Mehr Informationen dazu finden Sie auf Seite 134.)

Für 4 Portionen

50 g Tapiokaperlen · 1 EL Zucker · 1 mittelgroße Honigmelone
400 ml ungesüßte Kokosmilch (aus der Dose)

Zubereitung

1 In einem Topf 300 Milliliter Wasser zum Kochen bringen. Die Tapiokaperlen zugeben, kurz aufkochen und bei schwacher Hitze etwa 3 Minuten sanft kochen, bis sie glasig sind. Dabei ab und zu umrühren. Die Tapiokaperlen auf ein Sieb abgießen, gut abtropfen und dabei abkühlen lassen.
2 200 Milliliter Wasser aufkochen und den Zucker darin auflösen. Das Wasser abkühlen lassen und kalt stellen.
3 Die Melone schälen, die Kerne entfernen und das Fruchtfleisch in mundgerechte Würfel schneiden.
4 Die Melonenwürfel in einer großen Schüssel mit der Kokosmilch, den Tapiokaperlen und dem Zuckerwasser mischen, kurz abkühlen lassen und servieren.

MARONEN-REISBREI

Für 2 Portionen

30 g Maronen (siehe Seite 21) · 100 g Reis · 1 1/2 TL Rohrzucker

TCM-Empfehlung
• Bei chronischem Durchfall.
• Bei Nieren- und Milzschwäche und niedrigem Blutdruck als Folgeerscheinung den Brei einmal täglich eine Woche lang essen.

Zubereitung

1 Die Maronen schälen oder über einem Sieb abgießen (siehe Seite 21).
2 Den Reis mit 400 Millilitern Wasser und den Maronen aufkochen und zugedeckt bei schwacher Hitze etwa 30 Minuten sanft kochen.
3 Den Maronen-Reisbrei mit dem Rohrzucker süßen und warm servieren.

ERDNÜSSE IN REISESSIG

Die Erdnüsse halten sich gut verschlossen im Kühlschrank etwa 3 Wochen.

Für 10–15 Portionen

100 g Erdnusskerne · 250 ml Reisessig

Zubereitung

Die Erdnüsse zusammen mit dem Reisessig in ein sauber ausgespültes Schraubglas geben und gut verschlossen im Kühlschrank mindestens 7 Tage ziehen lassen.

GEKOCHTE MU-ERR-PILZE MIT DATTELN

Frauen brauchen mehr Eisen, vor allem, wenn sie wenig Fleisch essen. Der Brei aus Pilzen und Chinadatteln wirkt blutbildend bei Eisenmangel-Anämie – ganz ohne Eisenpräparat aus der Apotheke. Die angegebene Menge reicht für einen Behandlungstag.

Für 2 Portionen

3 getrocknete Mu-Err-Pilze · etwa 13 getrocknete chinesische Datteln (ca. 30 g)

Zubereitung

1 Die Mu-Err-Pilze mit heißem Wasser übergießen und etwa 30 Minuten quellen lassen, bis sie weich sind.
2 Die Pilze auf ein Sieb abgießen, kalt abspülen und die knorpeligen Stielansätze entfernen. Die Datteln gut waschen und gegebenenfalls entkernen.
3 Die Pilze und die Datteln in 250 Millilitern Wasser aufkochen und zugedeckt bei schwacher Hitze etwa 20 Minuten sanft kochen. Warm servieren.

Mu-Err ist der Chinapilz, den man bei uns schon seit mehr als 30 Jahren kennt und der als diätetisches Lebensmittel bereits um die Zeitenwende in China genutzt wurde. Dabei stammt er gar nicht aus China, sondern wächst auch in Europa auf altem Holz.

TCM-Empfehlung
• Zur Senkung von zu hohem Blutdruck und
• zur Regulierung des Cholesterinspiegels zweimal täglich 10 Stück nach den Mahlzeiten essen. Achtung: Bei Durchfall darf man die Erdnüsse nicht essen.

TCM-Empfehlung
Bei Eisenmangel zweimal täglich über 1 Woche oder länger essen.

45

Die Atemwege freimachen

Atmen bedeutet Leben – es ist die wichtigste der Funktionen, die alle Organe betrifft. Denn die Lunge sorgt nicht nur für genügend Sauerstoff, sondern liefert der Milz auch Energie für die Verdauung und scheidet verbrauchte Luft aus. Linderung bei Husten, verstopften Bronchien, Heuschnupfen oder gar Asthma ist durch entsprechende Ernährung möglich. Und die chinesische Heilküche kennt eine Reihe von Rezepten, die den Atem wieder frei fließen lassen.

Erkältungen beginnen meist mit einer laufenden oder verstopften Nase.

TOFUSUPPE MIT SCHWARZEN BOHNEN

Wer bei einer Erkältung zu Angina neigt, sollte die Suppe gleich bei den ersten Symptomen essen.

Für 2 Portionen
250 g Tofu · 4 EL Öl · 1 TL fermentierte schwarze Bohnen
1 Frühlingszwiebel · Salz

TCM-Empfehlung
Bei Erkältung im Anfangsstadium, wenn es im Hals kratzt und der Mund trocken ist.

Zubereitung
1 Den Tofu trockentupfen und in 1 Zentimeter dicke Scheiben schneiden.
2 Das Öl im Wok erhitzen. Die Tofuscheiben darin bei mittlerer Hitze auf beiden Seiten goldbraun braten.
3 In einem Topf 400 Milliliter Wasser aufkochen. Den Tofu und die schwarzen Bohnen zugeben und zugedeckt bei schwacher Hitze 10 Minuten sanft kochen.
4 Die Frühlingszwiebel waschen, putzen und fein zerkleinern. Die Zwiebelstücke in die Suppe geben und 2 Minuten garen. Die Suppe mit Salz abschmecken und heiß servieren.

Tipp Fermentierte schwarze Bohnen, die entgiftend wirken, bekommen Sie in Chinaläden. Mehr Informationen dazu finden Sie auf Seite 130.

GEBRATENES LAMMFLEISCH MIT LAUCH

In China isst man dieses kleine Gericht mit Lamm, Lauch und salziger Sojasauce nur im Winter, denn im Sommer macht es zu warm.

Für 4 Portionen

Marinade: 2 EL helle Sojasauce · 2 EL Sherry medium · 1 EL Speisestärke · Salz
Außerdem: 250 g Lammfleisch zum Kurzbraten (ohne Knochen; siehe Seite 24)
3–4 dünne Lauchstangen (etwa 350 g) · 6 EL Öl · 3 EL helle Sojasauce
1/2 TL Zucker · Salz

Zubereitung

1 Für die Marinade Sojasauce und Sherry mischen und mit Speisestärke und etwas Salz glatt rühren.
2 Das Fleisch in dünne Scheiben schneiden, mit der Marinade mischen und etwa 20 Minuten ziehen lassen.
3 Den Lauch waschen, putzen, trocknen und mit den saftigen grünen Blättern schräg aufschneiden (siehe Seite 20).

4 Das Öl im Wok stark erhitzen. Das Lammfleisch darin unter Rühren kräftig anbraten, bis es nicht mehr rot ist, und herausnehmen.
5 Den Lauch im Wok bei starker bis mittlerer Hitze unter Rühren glasig braten und mit Sojasauce, Zucker und Salz würzen. Das Fleisch unterrühren, rasch erhitzen und zu frisch gekochtem Reis servieren.

TCM-Empfehlung
• **Bei Husten durch feuchtes oder nasskaltes Wetter.**
• **Bei Yang-Schwäche.**
• **Achtung: Bei Erkältung mit Verschleimung nicht essen.**
Vorsicht ist geboten bei Beschwerden durch zu viel Hitze und Trockenheit im Körper: Lamm und Lauch erwärmen den Organismus. Dadurch kann Fieber ansteigen, Zahnschmerzen und Verstopfung können sich verschlimmern.

LAMMFLEISCH MIT RETTICH

Ständiger Husten kann Schwäche bedeuten – etwa nach langer Krankheit oder bei Senioren. Essen Sie dagegen an!

Für 4 Portionen

250 g Lammfleisch zum Kochen (ohne Knochen)

1 weißer Rettich (etwa 600 g) · 2 EL Sherry medium · Salz

Zubereitung

1 Das Lammfleisch trockentupfen und in etwa fingerbreite Würfel schneiden.

2 Den Rettich schälen und zuerst in fingerdicke Scheiben, dann in Stäbchen wie für dünne Pommes frites schneiden.

3 Etwa 400 Milliliter Wasser zum Kochen bringen. Das Lammfleisch zugeben, kurz aufkochen lassen und wieder abgießen.

4 Das Fleisch mit 800 Millilitern frischem Wasser und allen anderen Zutaten in einen Topf geben, erneut aufkochen und zugedeckt bei schwacher Hitze etwa 1 Stunde sanft kochen.

Rettich verliert auch bei langem Garen weder Konsistenz noch Aroma; er macht Fleisch zart und Saucen oder Suppen noch feiner.

Zu einem Eintopf vereint: weiches Lammfleisch und knackiger Rettich.

SCHWEINEFILET MIT GURKEN

Die Gurke ist ein Sommergemüse – aus dem Freiland schmeckt sie am besten, denn dann verströmt sie ihren unverwechselbaren frischen Duft und kühlt unseren Organismus auf ganz natürliche Weise.

Für 2 Portionen

Marinade: 1 TL Speisestärke · 1/2 EL Sherry medium · Salz · 1/2 EL Öl

Außerdem: 100 g Schweinefleisch zum Kurzbraten (siehe Seite 24) · 1/2 Salatgurke (etwa 300 g) · 1 Frühlingszwiebel · 6 EL Öl · 1/2 TL Speisestärke · Salz

Zubereitung

1 Für die Marinade die Speisestärke mit dem Sherry glatt rühren. Etwas Salz und das Öl untermischen.

2 Das Fleisch trockentupfen und in möglichst dünne Scheiben schneiden. Mit der Marinade mischen und etwa 20 Minuten zugedeckt ziehen lassen.

3 Die Gurke gründlich waschen und schräg in 1/2 Zentimeter dicke Scheiben schneiden.

4 Die Frühlingszwiebel waschen, putzen und mit dem saftigen Zwiebelgrün schräg aufschneiden (siehe Seite 20).

5 Das Öl im Wok erhitzen. Das Fleisch darin bei starker Hitze unter ständigem Wenden braten, bis es sich weiß färbt, und herausnehmen.

6 Das Öl bis auf etwa 1 Esslöffel aus dem Wok schöpfen.

7 Die Frühlingszwiebel im Bratöl einige Sekunden unter Rühren anbraten. Die Gurkenscheiben zufügen und beides bei starker Hitze 1 bis 2 Minuten unter Wenden braten.

8 Die Speisestärke mit 1 bis 2 Esslöffeln Wasser glatt rühren und mit dem Fleisch in den Wok geben. Einige Male umrühren, bis die Sauce eindickt. Mit Salz abschmecken und sofort zu frisch gekochtem Reis servieren.

TCM-Empfehlung
• **Bei trockenem Husten und Halsentzündung.**
• **Bei Abgeschlagenheit, weil es die Energie stärkt.**

GEBRATENE BANANEN MIT HONIG

TCM-Empfehlung
• Bei Husten.
• Bei Verstopfung.

Bananen sorgen für mehr Feuchtigkeit im Körper, Honig stärkt den Magen und die Lungenenergie.

Für 4 Portionen

4 EL Mehl · 1 Prise Backpulver · 2 Eier · 1 Prise Salz
4 reife, aber feste Bananen · 1 EL Zitronensaft
2 EL weiße Sesamsamen · 4 EL Honig · Öl zum Frittieren

Je nach Größe der Eier eventuell noch kaltes Wasser unter den Teig rühren. Er soll etwa so dick wie geschlagener Joghurt sein.

Zubereitung

1 Das Mehl mit dem Backpulver vermischen. Die Eier und das Salz zufügen und alles zu einem dickflüssigen Teig verarbeiten. Den Teig zugedeckt bei Zimmertemperatur 20 Minuten ruhen lassen.
2 Die Bananen schälen, in etwa 3 Zentimeter lange Stücke schneiden und sofort mit dem Zitronensaft beträufeln.
3 Den Sesam in einer Pfanne bei schwacher Hitze sanft rösten, bis er duftet. Den Honig untermischen und die Mischung warm halten.
4 Das Öl zum Frittieren in einem hohen Topf erhitzen.
5 Die Bananenstücke in den Teig tauchen und bei mittlerer Hitze in etwa 3 Minuten frittieren, bis sie goldbraun sind. Mit einem Schaumlöffel herausnehmen und kurz auf Küchenpapier abtropfen lassen.
6 Die Bananen im Sesamhonig wenden und sofort heiß servieren.

Das Frittierfett muss so heiß sein, dass die Teighülle schön bräunt, die Bananenstücke aber weich werden. Bei zu kaltem Öl saugt sich der Teig voll, zu heißes macht ihn zu rasch braun. Die richtige Temperatur ist erreicht, wenn ein Stückchen Weißbrot schnell im Öl bräunt.

Honigbananen helfen bei hartnäckigem Husten.

ALGENSAFT

Kühl und salzig wie eine frische Meeresbrise machen Algen die Atemwege frei.

Für 15 Portionen

25 g getrocknete Wakame-Algen · 30 g frischer Ingwer
2 1/2 EL Rohrzucker

Zubereitung

1 Die Algen in einer großen Schüssel mit reichlich lauwarmem Wasser bedecken und 30 Minuten einweichen. Die Algen abgießen, ausdrücken und in kleine Stücke schneiden.
2 Den Ingwer dünn schälen, kalt abspülen und sehr fein hacken.

3 Algen, Ingwer und Zucker mit 700 Millilitern Wasser aufkochen und etwa 1 Stunde bei schwacher Hitze sanft kochen, bis etwa 450 Milliliter dicker Saft übrig ist.
4 Den Algensaft abkühlen lassen, in eine saubere, heiß ausgespülte Flasche füllen und gut verschließen.

Tipp Getrocknete Wakame gibt es in Naturkostläden, Reformhäusern und Asienshops. Frisches Meeresgemüse – z. B. Dulse – aus europäischer Ernte bekommen Sie bei manchen Fischhändlern auf Bestellung.

TCM-Empfehlung
Bei chronischer Bronchitis und Asthma dreimal täglich 15 Milliliter Algensaft einnehmen und die Behandlung 5 Tage lang durchführen – die Saftmenge ist für diesen Zeitraum berechnet.

WALNÜSSE MIT HONIG

Die süßen Nüsse stärken Lungen und Nieren. Sie halten sich in einem gut verschlossenen Gefäß bei Zimmertemperatur etwa 4 Wochen.

Für 30 Portionen

250 g Walnusskerne · 250 g Honig

Zubereitung

Die Nüsse in der Mandelmühle (nicht im Blitzhacker!) fein mahlen und mit dem Honig vermischen.

TCM-Empfehlung
Bei chronischem Asthma und Husten zweimal täglich 1 Esslöffel davon einnehmen – der Zeitpunkt spielt keine Rolle. Die jeweilige Dosis dabei immer mit einem sauberen Löffel entnehmen.

Getrocknete Algen sind eine ausgezeichnete Jodquelle.

Die Abwehr stabilisieren

Auch im Westen setzt sich eine Erkenntnis langsam durch: Weit wichtiger als die Suche nach Schadstoffen in der Nahrung ist die Stärkung unseres Immunsystems. Dazu trägt die Chinaküche eine ganze Menge bei. Denn sie macht sich die Heilkräfte der Pflanzen zunutze und stellt die Lebensmittel harmonisch zusammen. Das schafft den Einklang von Geist, Körper und Seele.

ALGENSALAT

Meeresgemüse stärkt die Yin-Energie, die bei Hektik und Stress für mehr Ruhe und Gelassenheit sorgt. Und Algen enthalten so viel Jod wie Seefisch – für Vegetarier oder Menschen, die kaum Fisch essen, die beste Möglichkeit, ausreichend von diesem Mineralstoff aufzunehmen und so Schilddrüsenleiden vorzubeugen.

Für 4 Portionen

1 EL getrocknete Wakame-Algen · 1 Knoblauchzehe · 1/2 Bund Schnittlauch
1 TL Zucker · 2 EL helle Sojasauce · 2 EL Essig · 1 TL Sesamöl

TCM-Empfehlung
• Bei Unterfunktion der Schilddrüse infolge von Jodmangel und bei bereits diagnostiziertem Kropf.
• Bei hohem Blutdruck täglich etwa 1 Esslöffel Salat essen und die Behandlung so lange fortsetzen, bis die Symptome wie Kopfschmerzen, Schwindel oder Hitzewallungen abgeklungen sind.

Zubereitung

1 Die Algen in einer großen Schüssel mit reichlich lauwarmem Wasser bedecken und 5 Minuten einweichen. Das Wasser abgießen, die Algen ausdrücken und in kleine Stücke schneiden.
2 Die Algen mit 400 Millilitern frischem Wasser in einem Topf aufkochen und zugedeckt bei schwacher Hitze 30 Minuten kochen.
3 Den Knoblauch abziehen und zerkleinern.

4 Den Schnittlauch waschen, trocknen und in Röllchen schneiden.
5 Den Zucker mit der Sojasauce und dem Essig verrühren, bis er sich aufgelöst hat. Knoblauch, Schnittlauch und Öl untermischen.
6 Die Algen erneut abgießen, kalt abspülen und sehr gut abtropfen lassen. Mit der Sauce mischen und sofort zu frisch gekochtem Reis servieren.

GEBRATENE MÖHREN

Das richtige Essen nach einem langen Tag am Computer: Möhren machen müde Augen wieder munter.

Für 2 Portionen

400 g Möhren · 1 Stück frischer Ingwer (etwa 2 cm) · 2 EL Öl
1 EL Austernsauce · eventuell Salz

Zubereitung

1 Die Möhren schälen und in dünne Streifen schneiden. Den Ingwer schälen und fein hacken.
2 Das Öl im Wok erhitzen und den Ingwer darin bei schwacher Hitze unter Rühren braten, bis er duftet.
3 Die Möhren in den Wok geben und unter Rühren etwa 5 Minuten braten, bis sie glasig sind.
4 Mit Austernsauce und eventuell Salz abschmecken und zu frisch gekochtem Reis servieren.

TCM-Empfehlung
• **Möhren gelten als wirksames Mittel gegen Krebserreger in Umwelt und Nahrung, denn ihre Karotinoide stärken unser Immunsystem.**
• **Speziell Beta-Karotin, die Vorstufe zu Vitamin A, hilft bei Nachtblindheit und Kurzsichtigkeit.**

HÜHNERSUPPE MIT PILZEN UND CHINADATTELN

Für 2 Portionen

2 getrocknete Tonggupilze · 1 Hähnchenschenkel (etwa 250 g)
15 getrocknete chinesische Datteln · Salz

Zubereitung

1 Die Tonggupilze mit heißem Wasser übergießen und 30 Minuten quellen lassen. Auf ein Sieb abgießen, kalt abspülen und die Stiele abschneiden.
2 Etwa 3/4 Liter Wasser zum Kochen bringen. Den Hähnchenschenkel zugeben, aufkochen und 5 Minuten bei schwacher Hitze sanft kochen, dabei den Schaum abschöpfen.
3 Die Datteln waschen, gegebenenfalls entkernen, mit den Pilzen in die Suppe geben, erneut aufkochen und alles bei schwacher Hitze etwa 1 Stunde garen.
4 Den Hähnchenschenkel herausnehmen. Das Fleisch von den Knochen lösen und wieder in die Suppe geben. Die Suppe mit etwas Salz abschmecken und sofort heiß servieren.

TCM-Empfehlung
• **Die Pilze gelten als Schutz vor Krebserkrankungen im Bereich von Magen und Gebärmutter.**
• **Die Suppe stärkt die Energie in Milz und Magen und trägt deshalb zur besseren Durchblutung sowie zu einer guten Verdauung bei.**

RINDFLEISCH MIT BROKKOLI IN AUSTERNSAUCE

Für 2 Portionen

Marinade: 1 EL Speisestärke · 2 TL Sherry medium · 1 Eiweiß · Salz · 1 EL Öl

Sauce: 1 EL Speisestärke · 4 EL Hühnerbrühe · 2 EL Austernsauce

Außerdem: 200 g Rinderfilet · 200 g Brokkoli · 1 Frühlingszwiebel

2 Knoblauchzehen · 100 ml Öl

Zubereitung

1 Für die Marinade die Speisestärke mit dem Sherry glatt rühren. Das Eiweiß mit einer Gabel schaumig schlagen und untermischen. Etwas Salz und das Öl unterrühren.

2 Das Fleisch trockentupfen und quer zur Faser in dünne Scheiben schneiden. Mit der Marinade mischen und zugedeckt ziehen lassen, bis alle Zutaten vorbereitet sind.

3 Für die Sauce die Speisestärke mit der Brühe glatt rühren und die Austernsauce untermischen.

4 Den Brokkoli waschen und in Röschen teilen. Die Brokkolistiele schälen und in knapp fingerbreite Scheiben schneiden.

5 In einem Topf reichlich Wasser sprudelnd aufkochen. Die Brokkoliröschen und -stiele darin etwa 2 Minuten kräftig kochen, auf ein Sieb abgießen, kurz in kaltes Wasser mit einigen Eiswürfeln tauchen und gut abtropfen lassen.

6 Die Frühlingszwiebel waschen, putzen und mit dem saftigen Zwiebelgrün schräg aufschneiden (siehe Seite 20). Die Knoblauchzehen abziehen und fein zerkleinern.

7 Das Öl im Wok stark erhitzen und die Frühlingszwiebel und den Knoblauch darin bei schwacher Hitze unter häufigem Rühren anbraten, bis sie duften.

8 Das Rindfleisch mit der Marinade zugeben, bei starker Hitze unter ständigem Wenden etwa 1 Minute kräftig anbraten und wieder herausnehmen.

9 Das Öl bis auf 3 Esslöffel aus dem Wok schöpfen. Den Brokkoli darin bei starker Hitze etwa 1 Minute unter Rühren braten und an den Rand des Woks schieben.

10 Die Sauce in die Mitte des Woks gießen und unter Rühren aufkochen. Fleisch und Frühlingszwiebeln wieder zugeben, alles rasch mischen und sofort servieren.

TCM-Empfehlung
Das Anti-Schnupfen-Essen für die kalte Jahreszeit: Brokkoli stärkt das Immunsystem.
• Bei Frösteln, Frieren und Antriebsschwäche durch Qi-Mangel.
• Bei Erkältungsanfälligkeit.

Rühren Sie die Marinade mit dem Fleisch in einer Richtung, denn dadurch wird das Fleisch samtig und zart.

Nehmen Sie das Fleisch beim Braten aus dem Wok, sobald sich die Farbe ändert. Sonst tritt der Saft aus, und das Filet wird zäh.

GEBRATENER LAUCH MIT PUTENFLEISCH

Für 1–2 Portionen

Marinade: 1 EL Speisestärke · 1 EL helle Sojasauce · 1 EL Sherry medium

Außerdem: 100 g Putenbrustfilet · 2–3 Stangen Lauch (etwa 200 g)

1 Stück frischer Ingwer (etwa 2 cm) · 5 EL Öl · Salz

Zubereitung

1 Die Speisestärke mit der Sojasauce und dem Sherry glatt rühren.

2 Das Fleisch kalt abspülen, trockentupfen, in möglichst dünne Streifen schneiden und mit der Sauce mischen.

3 Den Lauch waschen, putzen und mit dem saftigen Grün schräg aufschneiden (siehe Seite 20). Den Ingwer schälen und in streichholzdünne Stifte schneiden.

4 Im Wok 4 Esslöffel Öl erhitzen. Fleisch und Marinade zugeben und bei starker Hitze unter ständigem Wenden etwa 1 Minute anbraten, bis es weiß ist. Wieder herausnehmen.

5 Das restliche Öl in den Wok geben und schwach erhitzen. Den Ingwer unter Rühren darin anbraten, bis er duftet.

6 Den Lauch zufügen und bei schwacher bis mittlerer Hitze unter Rühren glasig braten. Das Fleisch untermischen, unter Rühren erhitzen, salzen und zu frisch gekochtem Reis servieren.

TCM-Empfehlung

• Bei klammen Händen und Füßen als Symptome einer nahenden Erkältung.

• Für einen Energieschub bei Verstimmung und Antriebsschwäche.

• Bei Qi-Mangel (siehe Seite 13).

TEE VON WEISSEN BOHNEN

Für 2 Portionen

30 g getrocknete weiße Bohnenkerne · 1/2 Lotosblatt · Zucker

Zubereitung

1 Die Bohnen mit kaltem Wasser übergießen und zugedeckt im Kühlschrank 6 Stunden quellen lassen. Abgießen und die Häute entfernen.

2 Das Lotosblatt waschen. Mit den weißen Bohnen und 1 Liter kaltem Wasser aufkochen und zugedeckt bei schwacher Hitze etwa 1 1/2 Stunden kochen.

3 Etwas Sud abgießen (kann auch als Tee getrunken werden). Die Bohnen im restlichen Sud zerdrücken und warm mit Zucker trinken.

TCM-Empfehlung

• Auf plötzliche hochsommerliche Hitze kann sich der Körper nicht einstellen. Man fühlt sich ausgepumpt, reagiert oft auch mit Verdauungsbeschwerden und Hautausschlag. Der Tee schafft Abhilfe, weil er den Organismus kühlt.

Die Mitte stärken

Es sind Milz und Magen, die unsere Mitte bilden und die wir durch gute Ernährung gesund erhalten müssen. Doch die Mitte bedeutet noch mehr – sie hält uns im Gleichgewicht und verleiht uns Sicherheit. Wer seine Mitte gefunden hat, ist mit sich im Reinen – in der Heilküche setzt man den ruhenden Pol mit dem Mutterboden in Beziehung, der Nahrung braucht, um andere zu nähren.

Wichtig: zu sich selbst finden.

TCM-Empfehlung Weißkohl stärkt Milz und Magen. Er lindert Schmerzen in diesem Bereich und fördert den Appetit.

GEBRATENER WEISSKOHL MIT SCHWEINEFLEISCH

Ein kleines Essen mit dem Wundermittel Weißkohl: In China gilt er als Schmerzmittel bei gereiztem Magen, im Westen als wahrer Hort wohlwollender Bakterien.

Für 2 Portionen

Marinade: 1 EL Speisestärke · 1 Prise Salz · 1 EL Sherry medium · 1 EL Öl
Außerdem: 100 g Schweinefleisch zum Kurzbraten (Filet, Schnitzel oder Lende) 250 g Weißkohlblätter · 5 EL Öl · Salz

Zubereitung

Weder Kohl noch Fleisch sollten bräunen, denn die Röststoffe können den Magen belasten.

1 Die Speisestärke mit dem Salz in einer Schüssel mischen. Mit dem Sherry glatt rühren und das Öl unterrühren.
2 Das Fleisch abspülen, trockentupfen und in möglichst dünne Scheiben schneiden. Mit der Marinade mischen und zugedeckt ziehen lassen, bis der Weißkohl vorbereitet ist.
3 Die Kohlblätter waschen, trockentupfen und wie Chinakohl schräg aufschneiden (siehe Seite 20).

4 Das Öl im Wok stark erhitzen. Das Fleisch darin bei mittlerer Hitze unter Rühren braten, bis es sich weiß färbt, und herausnehmen.
5 Die Kohlblätter ins Bratöl geben und bei mittlerer Hitze unter häufigem Rühren schmoren, bis er glasig und gerade eben weich ist.
6 Das Fleisch wieder untermischen und erhitzen. Fleisch und Kohl sollten nicht bräunen. Alles mit Salz abschmecken und zu gekochtem Reis servieren.

TOFU MIT DUFTPILZEN

Duftpilze sind die noch feinere Version der Tonggupilze, die wir als Shiitakepilze kennen (siehe Seite 136).

Für 2–3 Portionen

4 getrocknete Duftpilze · 250 g Tofu · 2 EL helle Sojasauce
2 TL Speisestärke · Salz

Zubereitung

1 Die Duftpilze in einer Schüssel mit heißem Wasser übergießen und 30 Minuten quellen lassen, bis sie weich sind. Auf ein Sieb abgießen und kalt abspülen. Die Stiele abschneiden und die Pilzhüte in Streifen schneiden.
2 Den Tofu in 2 Zentimeter große Würfel schneiden. Die Würfel mit den Duftpilzen, der Sojasauce und 150 Millilitern Wasser in einen Topf geben, einmal kurz aufkochen und zugedeckt etwa 15 Minuten sanft kochen.
3 Die Speisestärke mit 2 Esslöffeln kaltem Wasser glatt rühren, zum Tofu geben und unter Rühren aufkochen, bis die Sauce dickflüssig ist. Alles mit Salz abschmecken und sofort zu frisch gekochtem Reis servieren.

TCM-Empfehlung
Stärkt die Energie von Milz und Magen und hilft deshalb
• bei Verdauungsproblemen
• bei zu niedrigem Blutdruck
• bei Müdigkeit.

TOMATEN MIT EIERN

Für 2 Portionen

2–3 mittelgroße Tomaten (etwa 250 g) · 1/2 Bund Schnittlauch · 2 Eier
5 EL Öl · 1/2 TL Salz · 1 TL Zucker

Zubereitung

1 Die Tomaten waschen und klein schneiden. Den Schnittlauch waschen, trocknen und in feine Röllchen schneiden.
2 Die Eier mit einer Gabel kräftig verschlagen.
3 Das Öl in einer Pfanne stark erhitzen und die Eier darin unter Rühren kurz anbraten, bis sie leicht gestockt sind.
4 Tomaten, Salz und Zucker zugeben und bei mittlerer Hitze etwa 3 Minuten braten, bis die Tomaten weich sind.
5 Alles gut mischen und mit Schnittlauchröllchen bestreut servieren.

TCM-Empfehlung
• Tomaten stärken Milz und Magen und helfen so bei Verdauungsproblemen.
• Ein bis zwei frische Tomaten vor dem Frühstück gegessen senken Bluthochdruck.

Ohne Haut nimmt man Tomaten in China nur als Garnierung. Zum Essen werden sie gewöhnlich nicht abgezogen, denn die Schale liefert zusätzliche Vitamine.

GEBRATENER TOFU NACH HAUSART

TCM-Empfehlung
• Tofu enthält viele Mineralien, senkt die Bluttfettwerte und regelt den Cholesterinspiegel.
• Er stärkt die Milz und fördert so die Verdauung.
• Er liefert reichlich Eisen und Kalzium – wichtig für Menschen, die wenig Milch und Milchprodukte essen.

In China hat man ein paar Jahrhunderte Tofuerfahrung: Dort wurde der Sojaquark erfunden und die Gerichte damit kulinarisch perfekt entwickelt. Als Beispiel: Tofu mit schwarzen Pilzen, gelbem Ingwer und grünen Zwiebelchen.

Für 4 Portionen

5 getrocknete Mu-Err-Pilze · 200 g Tofu · 1 Frühlingszwiebel
1 Stück frischer Ingwer (etwa 1 cm) · 1 Knoblauchzehe
120 ml Hühnerbrühe · 1 EL helle Sojasauce · 1/2 TL Zucker
2 EL Öl · 1 TL Chilipaste · 1/2 EL Speisestärke · Salz
1 Prise fein zermahlene Sichuan-Pfefferschalen (siehe Seite 131)

Zubereitung

1 Die Pilze mit heißem Wasser übergießen und 30 Minuten quellen lassen, bis sie weich sind. Auf ein Sieb abgießen, kalt abspülen und grob zerkleinern.
2 Den Tofu in 2 Zentimeter große Würfel schneiden.
3 Die Frühlingszwiebel waschen, putzen und mit dem saftigen Grün schräg aufschneiden (siehe Seite 20). Ingwer schälen, Knoblauch abziehen und beides getrennt fein zerkleinern. Für die Sauce die Brühe mit Sojasauce und Zucker verrühren.
4 Das Öl im Wok erhitzen und den Ingwer und die Chilipaste darin bei schwacher Hitze braten, bis sie duften.

5 Den Tofu zugeben und unter Rühren kurz mitbraten. Die Mu-Err-Pilze und die Sauce zufügen und alles bei schwacher Hitze etwa 3 Minuten sanft kochen.
6 Die Frühlingszwiebel und den Knoblauch zufügen. Die Speisestärke mit 2 Esslöffeln kaltem Wasser glatt rühren, untermischen und bei mittlerer Hitze rühren, bis die Sauce eindickt. Alles mit Salz und Sichuan-Pfeffer abschmecken und sofort zu frisch gekochtem Reis servieren.

Tofu gibt es in Naturkostläden, Asiengeschäften und Reformhäusern – am besten schmeckt der offene aus dem Asienladen. Weitere Informationen zum Sojaquark finden Sie auf Seite 135.

GEBRATENE AUSTERNPILZE MIT SCHWEINEFLEISCH

Die Chinaküche gehört zu den besten der Welt. So wirkt es wie eine liebenswerte Untertreibung, wenn TC-Mediziner ihren Patienten dieses kleine Gericht mit Pilzen und Fleisch in würziger Sauce bei Appetitlosigkeit empfehlen!

TCM-Empfehlung
Bei Schwäche von
Magen und Milz.

Für 2 Portionen

Marinade: 1 EL Speisestärke · 1 EL Sherry medium · Salz · 1 TL Öl

Sauce: 1 TL Speisestärke · 2 EL helle Sojasauce · Salz

Außerdem: 100 g mageres Schweinefleisch (Keule oder Schulter)

200 g Austernpilze · 2 dünne Frühlingszwiebeln · 1 EL Öl

Zubereitung

1 Für die Marinade die Speisestärke mit dem Sherry glatt rühren und etwas Salz und das Öl untermischen.

2 Das Fleisch trockentupfen, in dünne Scheiben schneiden, mit der Marinade mischen und zugedeckt 20 Minuten ziehen lassen.

3 Inzwischen die Stiele der Austernpilze entfernen und die Pilzhüte in Streifen zupfen. Bei den Frühlingszwiebeln die äußeren Blätter, den Wurzelansatz und welke Blattspitzen entfernen. Die Zwiebeln waschen und mit dem Grün fein zerkleinern.

4 Für die Sauce die Speisestärke mit der Sojasauce glatt rühren und etwas Salz untermischen.

5 Das Öl im Wok erhitzen. Das Fleisch darin unter Rühren rundherum hellbraun anbraten und wieder herausnehmen.

6 Die Frühlingszwiebeln in den Wok geben und unter Rühren braten, bis sie duften. Die Austernpilze zufügen und etwa 2 Minuten braten. Die Sauce und das Fleisch zugeben, alles mischen und sofort zu frisch gekochtem Reis servieren.

Tipp Austernpilze muss man nicht waschen, denn sie werden auf Strohballen oder Holz gezogen und sind dadurch frei von Erde oder Sand. Die Stiele großer Pilze bleiben auch beim Garen zäh, bei kleinen Exemplaren kann man sie mitessen. Weitere Informationen zu Austernpilzen finden Sie auf Seite 100.

GEBRATENER BLUMENKOHL MIT DUFTPILZEN

TCM-Empfehlung
• Bei Verdauungs-
störungen.
• Zur Regulierung der
Energie.
• Zur Unterstützung
der Gewichtszunahme
nach einer Krankheit.

Feine Duftpilze, würziger Ingwer und knackig-frisches Gemüse: Zu diesem leichten Essen raten chinesische Mediziner Patienten, die nach einer Krankheit oder aus anderen Gründen wieder an Gewicht zunehmen müssen. Duftpilze sind die feinere Variante der Tonggupilze, die bei uns japanisch Shiitake genannt werden.

Für 1 Portion

3 Duftpilze (siehe Seite 136) · 250 g Blumenkohlröschen
1 Frühlingszwiebel · 1 Stück frischer Ingwer (etwa 2 cm) · 3 EL Öl
1/4 l Hühner- oder Knochenbrühe · 1 EL Speisestärke · Salz

Zubereitung

1 Die Duftpilze in einer Schüssel mit heißem Wasser übergießen und 30 Minuten quellen lassen, bis sie weich sind. Auf ein Sieb abgießen und kalt abspülen. Die Stiele abschneiden und die Pilzhüte vierteln.

2 In einem Topf Wasser zum Kochen bringen. Die Blumenkohlröschen waschen, der Länge nach halbieren und im sprudelnd kochenden Wasser 2 Minuten blanchieren. In ein Sieb abgießen und gut abtropfen lassen.

3 Die Frühlingszwiebel waschen, putzen und zusammen mit dem saftigen Zwiebelgrün schräg aufschneiden (siehe Seite 20).

Den Ingwer schälen und fein zerkleinern.

4 Das Öl im Wok erhitzen und die Frühlingszwiebel und den Ingwer darin bei schwacher Hitze unter Rühren anbraten, bis sie duften. Die Brühe und die Pilze zufügen, alles einmal aufkochen und zugedeckt bei schwacher Hitze 10 Minuten dünsten. Den Blumenkohl zugeben und weitere 3 Minuten garen.

5 Die Speisestärke mit 2 Esslöffeln kaltem Wasser glatt rühren, untermischen und bei mittlerer Hitze rühren, bis die Sauce dickflüssig ist. Alles mit Salz würzen und zu frisch gekochtem Reis oder nach Belieben zu Dampfnudeln (siehe Seite 26) servieren.

Hähnchenkeulen in Kokosmilch

Dieses Gericht ist typisch für Südchina. Dazu gehören auch Gerichte aus Hongkong und Taiwan, die zum weltweiten Ruhm der chinesischen Küche beigetragen haben.

Für 4 Portionen

2 Hähnchenkeulen (à etwa 220 g) · 400 g fest kochende Kartoffeln
1 Zwiebel · 1 Stück Zitronengras · 2 EL Öl · 2 TL scharfes Currypulver
100 ml ungesüßte Kokosmilch (aus der Dose) · Salz

Zubereitung

1 Die Hähnchenkeulen kalt waschen und trockentupfen. Die Kartoffeln waschen, schälen und würfeln. Die Zwiebel abziehen und fein hacken.
2 Das Zitronengras waschen, mit der Nudelrolle flach klopfen und wie einen Bindfaden zum Knoten schlingen, damit es sich beim Garen nicht löst.
3 Das Öl im Wok erhitzen. Das Currypulver mit der Zwiebel darin bei schwacher Hitze anbraten, bis es duftet.
4 Die Keulen zufügen und bei mittlerer Hitze anbraten.
5 Die Kartoffeln und die Kokosmilch untermischen. Etwa 100 Milliliter Wasser, das Zitronengras und etwas Salz zugeben und alles einmal aufkochen. Die Hähnchenkeulen zugedeckt bei schwacher Hitze etwa 40 Minuten sanft kochen.

TCM-Empfehlung
• Das Essen stärkt die Yang-Energie der Mitte, also Milz und Magen.
• Es kräftigt außerdem das Herz, etwa wenn man nach großer Aufregung oder auch Freude wieder Energie tanken muss.
Achtung: Bei gereizter Leber mit Entzündungen auf Haut und Schleimhäuten sowie bei Verstopfung darf man das Gericht nicht essen.

Die Hähnchenkeule besteht aus Ober- und Unterschenkel und wiegt zwischen 200 und 220 Gramm. Beim Hähnchenschenkel können Sie wählen zwischen Ober- oder Unterschenkel.

Der Kontrast macht's: Hähnchenfleisch in milder Kokosmilch mit scharfem Currypulver.

Hähnchen in der Kokosnuss

Geflügel mit dem sanften Nussaroma von Kokos ist an sich schon ein Hit. Wenn man dann noch auf die Heilwirkung beim Essen setzen kann, ist der Genuss perfekt.

Für 4 Portionen

Marinade: 1 Eiweiß · Salz · 2 EL Speisestärke

Außerdem: 300 g Hähnchenfleisch · 50 g gekochter Schinken

1 frische Kokosnuss

Zubereitung

Die Kokosnuss muss
wirklich frisch sein,
dann ist das Fleisch
darin saftig und aroma-
tisch. Der Frischetest:
Beim Schütteln muss
die Nuss richtig
gluckern.
Am besten schmeckt
eine King-Coconut (sie-
he Seite 118), deren
Fleisch man mit einem
Löffel herausholen
kann und das beim
Dämpfen wunderbar
zart wird. Für die Zube-
reitung die Nuss wie
eine Orange halbieren,
beide Hälften füllen,
verschließen und
dämpfen.

1 Für die Marinade das Eiweiß mit einer Gabel leicht schaumig schlagen und mit etwas Salz und der Speisestärke verrühren.

2 Das Hühnerfleisch kurz abwaschen, trockentupfen und in kleine Stücke schneiden. Die Fleischstücke mit der Marinade mischen und 20 Minuten zugedeckt im Kühlschrank ziehen lassen.

3 Inzwischen den gekochten Schinken in kleine Würfel schneiden.

4 Die Kokosnuss öffnen: Entweder mit einer Säge den oberen Teil am »Schopf« absägen oder mit Hammer und einem dicken Nagel einige Löcher in die drei Vertiefungen auf der Schale schlagen. Mit dem Hammer die Schale am oberen Ende der Nuss rundherum kräftig anschlagen, damit sie in Stücke zerbricht – ähnlich wie ein gekochtes Ei.

5 Das Kokoswasser restlos ausgießen und zum Trinken in ein Glas geben (für das Essen wird es nicht gebraucht).

6 Das Hähnchenfleisch und den Schinken in die Kokosnuss füllen. Die Kokosnuss mit dem »Deckel« oder Alufolie verschließen und 30 Minuten dämpfen (siehe Seite 23). Zu frisch gekochtem Reis servieren.

Sichuan-Huhn

Dieses Gericht gehört zu den Spezialitäten der Provinz im Südwesten Chinas. Typisch für die Küche dort sind Chilischärfe und ungewöhnliche, edle Gewürze, etwa Jasmin, Mandarinenschale oder der Sichuan-Pfeffer.

Für 4 Portionen

Marinade: 2 EL Speisestärke · 1 EL helle Sojasauce · 1 EL Sherry medium
1 EL Öl

Sauce: 1 EL helle Sojasauce · 1 Prise Salz · 1 Prise fein zermahlene
Sichuan-Pfefferschalen (siehe Seite 131) · 1/2 EL Zucker

Außerdem: 500 g Hähnchenbrustfilet · 10 getrocknete Mu-Err-Pilze
1 rote Paprikaschote · 4 Frühlingszwiebeln · 1 Stück Ingwer (etwa 5 cm)
4 Knoblauchzehen · 4 getrocknete rote Chilischoten · 100 ml Öl

Zubereitung

1 Für die Marinade die Speisestärke mit der Sojasauce und dem Sherry glatt rühren und das Öl untermischen.

2 Das Fleisch trockentupfen und in etwa 1 1/2 Zentimeter große Würfel schneiden. Mit der Marinade mischen und zugedeckt im Kühlschrank ziehen lassen.

3 Die Pilze mit heißem Wasser übergießen und etwa 30 Minuten quellen lassen, bis sie weich sind. Auf ein Sieb abgießen, kalt abspülen und die knorpeligen Stielansätze entfernen.

4 Die Paprikaschote waschen, vierteln, putzen und in etwa 1 1/2 Zentimeter große Stücke schneiden. Die Frühlingszwiebeln waschen, putzen und mit dem Zwiebelgrün schräg aufschneiden. Den Ingwer schälen, den Knoblauch abziehen und in sehr dünne Stifte schneiden. Die Chilischoten mit Handschuhen zerkrümeln, nach Wunsch einen Teil der Kerne entfernen.

5 Alle Zutaten für die Sauce vermischen.

6 Das Öl im Wok erhitzen. Das Fleisch mit der Marinade zugeben, bei starker Hitze unter Wenden etwa 1 Minute anbraten, bis es weiß ist, und herausnehmen.

7 Das Öl bis auf etwa 3 Esslöffel aus dem Wok in ein Schälchen schöpfen. Die Paprikastücke in den Wok geben und bei starker Hitze knapp 1 Minute braten. Ebenfalls herausnehmen.

8 Aus dem Schälchen 3 weitere Esslöffel Öl in den Wok geben und erhitzen. Pilze, Frühlingszwiebeln, Ingwer, Knoblauch und Chili zugeben und alles bei mittlerer Hitze einige Sekunden unter Rühren braten.

9 Paprikaschoten, Fleisch und Sauce zugeben, rasch mischen und sofort zu frisch gekochtem Reis servieren.

siehe Seite 131

TCM-Empfehlung
Dieses Gericht stärkt die Yang-Energie in der »Mitte«, also Milz und Magen. Das unterstützt die Verdauung und behebt Appetitlosigkeit. Außerdem fördert eine gute Verdauung die Blutzirkulation und damit auch den Stoffwechsel.
Achtung: Bei Entzündungen der Schleimhäute, bei Hautproblemen und Verstopfung darf man das Gericht nicht essen.

Das Essen ist sehr scharf – je mehr Chilischoten mit Kernen Sie verwenden, desto schärfer wird es. Allerdings beruht auch seine positive Wirkung eben auf Kapsaizin – als natürliches Antibiotikum und Wärmespender.

Erlernbar: innere Ruhe und Ausgeglichenheit.

Die Entspannung fördern

Bei Wut läuft einem die Galle über, bei Stress hämmert das Herz. In China spricht man dann von schädlicher Hitze der Leber bzw. schlechter Herzhitze. Damit diese überschüssige Energie nicht schadet, lenkt man die Hitze nach außen – man treibt sie buchstäblich aus dem Körper. Dann kann der Organismus angenehme Wärme aufnehmen, und man fühlt sich wieder fit.

ENDIVIENSALAT MIT AUSTERNSAUCE

TCM-Empfehlung Erfrischend und heilend durch seine Bitterstoffe, ist Endiviensalat gut für Leber und Herz.

Für 2 Portionen

1/2 Endiviensalat · 2 EL Öl · 1 EL Austernsauce · 1/2 TL Sesamöl · Salz

Zubereitung

1 Den Endiviensalat in die Blätter teilen, waschen, trocknen und quer in etwa 1/2 Zentimeter breite Streifen schneiden.
2 Das Öl im Wok erhitzen. Die Salatstreifen darin bei mittlerer Hitze unter Rühren braten, bis sie glasig sind.
3 Austernsauce und Sesamöl untermischen. Alles mit Salz abschmecken und sofort zu frisch gekochtem Reis servieren.

GESCHMORTER TOFU MIT SHRIMPS

TCM-Empfehlung
• **Zur Förderung der Milchbildung.**
• **Das Essen wirkt erwärmend, stärkt damit die Yang-Energie der Nieren und löst bei Husten den Schleim.**
• **Es besänftigt bei Gereiztheit und Zorn.**

Für 2 Portionen

3 Duftpilze · 200 g Tofu · 50 g gekochter Schinken am Stück
150 g küchenfertige frische Shrimps (Tiefseegarnelen) · 2 EL Öl · Salz

Zubereitung

1 Die Duftpilze mit heißem Wasser übergießen und 30 Minuten quellen lassen. Abgießen, gründlich kalt abspülen und abtropfen lassen. Die zähen Stiele entfernen und die Pilzhüte in kleine Stücke schneiden.
2 Den Tofu trockentupfen, den Schinken nach Wunsch vom Fettrand befreien und beides in 1 1/2 Zentimeter

große Würfel schneiden. Die Shrimps kalt abspülen und abtropfen lassen.

3 Das Öl im Wok erhitzen und die Pilze darin bei starker Hitze unter Rühren anbraten, bis sie duften.

4 Tofu, Schinken und Shrimps zugeben und bei mittlerer Hitze etwa 2 Minuten unter Rühren braten, bis die Shrimps rosa sind. Alles salzen und zu frisch gekochtem Reis servieren.

SCHWEINEFLEISCH MIT LILIENKNOSPEN

Für 2 Portionen

12 g Lilienknospen (siehe Seite 120) · 200 g mageres Schweinefleisch

1 EL abgezogene ganze Mandeln

Zubereitung

1 Die Lilienknospen mit kaltem Wasser übergießen und 30 Minuten einweichen. Das Fleisch trockentupfen und in kleine Stücke schneiden.

2 Die Lilienknospen waschen und abtropfen lassen. Mit dem Fleisch, den Man-deln und 1/2 Liter Wasser in einen Topf geben, zum Kochen bringen und 30 Minuten bei schwacher Hitze sanft kochen. Das Fleisch, die Lilienknospen und die Mandeln mit der verbliebenen Brühe servieren.

TCM-Empfehlung
• Bei Unruhe, z. B. bei nervösem Husten mit trockenem Hals und Mund.
• Das Essen stärkt außerdem die Konzentrationsfähigkeit.
• Es kräftigt die Yin-Energie und hilft beim Aufbau von Blut.

LAMMFLEISCH MIT GEWÜRZEN

Für 3 Portionen

250 g Lammfleisch (aus der Keule ohne Knochen) · 1 Stück Ingwer (etwa 1 cm)

Salz · 2 EL Sherry medium · 1/2 TL Kümmelkörner · 1/3 TL Zimtpulver

Zubereitung

1 Das Fleisch in kleine Stücke schneiden. Den Ingwer schälen und fein zerkleinern.

2 In einem Topf 1/2 Liter Wasser zum Kochen bringen. Das Lammfleisch darin kurz, aber kräftig aufkochen und abgießen.

3 Das Fleisch mit 800 Millilitern frischem, kaltem Wasser, Ingwer, etwas Salz, Sherry, Kümmel und Zimtpulver wieder in den Topf geben, aufkochen und zugedeckt bei schwacher Hitze etwa 1 Stunde kochen.

TCM-Empfehlung
Dieses Essen stärkt die Yang-Energie und hilft gegen Magenbeschwerden und Bauchschmerzen – wenn sich der Bauch richtig kalt anfühlt.

65

RINDFLEISCH MIT KORIANDER

Als Brotgewürz kannten wir Koriander schon. Sein frisches Grün haben wir aber erst durch fremde Küchen entdeckt.

Für 2 Portionen

200 g Rindfleisch zum Schmoren · 1 Zwiebel · 2 EL dunkle Sojasauce
2 EL Sherry medium · Salz · 2 EL Öl · 30 g frische Korianderstängel

Zubereitung

1 Das Rindfleisch trockentupfen und in kleine Würfel schneiden. Die Zwiebel abziehen, halbieren und längs in Streifen schneiden.
2 Für die Sauce die Sojasauce, den Sherry und etwas Salz verrühren.
3 Das Öl im Wok erhitzen und die Zwiebel darin bei schwacher Hitze unter Rühren braten, bis sie duftet.
4 Das Rindfleisch zufügen und bei mittlerer Hitze unter Rühren anbraten, bis es ganz leicht gebräunt ist.
5 Die Sauce und 200 Milliliter Wasser untermischen und aufkochen. Das Fleisch zugedeckt bei schwacher Hitze 1 Stunde sanft kochen.
6 Den Koriander waschen, trocknen und die Stängel in etwa 2 Zentimeter lange Stücke schneiden. Das Fleisch damit bestreuen und zu frisch gekochtem Reis servieren.

TCM-Empfehlung
• Bei zu viel Luft im Bauch hilft Koriander, denn er fördert die Blutzirkulation und löst so den quälenden Stau.
• Das Essen stärkt die Milz und hilft bei allgemeiner Verdauungsschwäche.

Frischen Koriander bekommen Sie bei vielen Gemüsehändlern und in Asienläden. Immer gibt es das Kraut in Thailäden und Geschäften für mexikanische Lebensmittel.

ERDBEERMUS

Das Erdbeermus wirkt wie ein Aperitif, erfrischt und hält sich im Kühlschrank einen Tag.

Für 1 Portion

500 g Erdbeeren · 2 EL Zucker

TCM-Empfehlung
Bei Appetitlosigkeit das Mus über den Tag verteilt essen.
Vorsicht ist geboten, wenn man zu Durchfall neigt.

Zubereitung

1 Die Erdbeeren waschen, putzen und mit dem Pürierstab pürieren.
2 Die Früchte in einem Topf kurz unter Rühren einmal aufkochen und mit dem Zucker mischen.
3 Das Erdbeermus noch heiß oder gut abgekühlt servieren.

KOKOSNUSS-FLAN MIT TAPIOKA

»Hummeln im Bauch« nennt man es, wenn man vor Nervosität nicht still sitzen kann. In China isst man dagegen an.

Für 8 Portionen

100 g Tapiokaperlen · 100 ml Kirschsaft · 200 ml ungesüßte Kokosmilch (aus der Dose) · 50 g Zucker · 1 Stück frische Kokosnuss (etwa 100 g)

Zubereitung

1 In einem Topf 600 Milliliter Wasser zum Kochen bringen. Die Tapiokaperlen zugeben, kurz aufkochen und etwa 10 Minuten bei schwacher Hitze sanft kochen, bis sie glasig sind, dabei ab und zu umrühren. Auf ein Sieb abgießen, mit dem Kirschsaft wieder in den Topf geben, aufkochen und weitere 3 Minuten kochen.

2 Die Kokosmilch und den Zucker zugeben. Alles bei schwacher Hitze unter Rühren zum Kochen bringen, bis sich der Zucker aufgelöst hat und die Tapiokamischung dick wird.

3 Den Flan in kalt ausgespülte Portionsförmchen füllen, abkühlen lassen und nach Wunsch bis zum Servieren kühlen.

4 Die Kokosnuss fein raspeln. Die Flans mit einer Messerspitze vom Rand der Förmchen lösen und auf Dessertteller stürzen. Mit den Kokosraspeln bestreut servieren.

TCM-Empfehlung
- **Bei nervöser Unruhe.**
- **Bei trockenem Mund.**

ERDNUSSBREI

Für 2 Portionen

30 g Erdnusskerne · 30 g getrocknete chinesische Datteln
60 g Klebreis · 2 EL Kandiszucker

Zubereitung

1 Die Erdnüsse, die Datteln und den Klebreis auf einem Sieb kalt abspülen.

2 Alles mit 350 Millilitern kaltem Wasser aufkochen und zugedeckt bei schwacher Hitze etwa 20 Minuten kochen.

3 Mit dem Kandiszucker mischen und warm servieren.

TCM-Empfehlung
Wo die Schulmedizin Pillen für ruhige Nerven und guten Schlaf verschreibt, rät die TCM zu einem süßen Brei: Bei Nervosität, Konzentrationsschwäche und Schlafstörungen 3 bis 5 Tage lang einmal täglich essen.

Den Darm pflegen

Wärme ist Balsam für die »gestressten« Verdauungsorgane.

Der Darm reagiert bei den meisten Menschen äußerst sensibel: Ein bisschen unter »Dampf« gestanden, Ärger gehabt, etwas Falsches gegessen – eines davon reicht schon aus, um das Verdauungssystem empfindlich zu stören. Doch für das allgemeine Wohlbefinden braucht man einen kräftigen Darm, der unser Immunsystem stärkt. Die chinesische Heilküche hat dafür eine ganze Reihe raffinierter Gerichte parat, die überhaupt nicht »gesund«, sondern ganz vorzüglich schmecken und nebenbei auch noch den Darm ins Gleichgewicht bringen.

SPINATSALAT

TCM-Empfehlung Bei chronischer Verstopfung und Hämorrhoiden als Folgeleiden.

Einfach, aber wirksam: Spinat mit Sesamöl bringt die gestörte Verdauung auf natürliche Weise wieder in Ordnung, denn sowohl Spinat als auch Sesamöl befeuchten den Darm und helfen bei Verstopfung.

Für 1 Portion
250 g frischer Spinat · Salz · 1 EL Sesamöl

Zubereitung
1 Den Spinat verlesen und waschen. In reichlich kochendes Wasser geben und einige Sekunden sprudelnd kochen, bis er intensiv grün ist.
2 Den Spinat auf ein Sieb abgießen und das Sieb kurz in eiskaltes Wasser tauchen. Die Blätter abtropfen lassen, mit den Händen ausdrücken und mit einer Gabel lockern.
3 Den Spinat nach Belieben mit etwas Salz würzen, mit dem Sesamöl beträufeln und sofort servieren.

Tipp Helles Sesamöl zum Braten und dunkles Sesamöl zum Würzen (siehe Seite 130) bekommen Sie in Asienläden. Eine Alternative zu diesem feinen Öl gibt es leider nicht.

SPINAT MIT INGWERSAUCE

Für 2 Portionen

300 g Spinat · 1 Stück frischer Ingwer (etwa 2 cm) · 2 EL helle Sojasauce
3 EL Essig · 1 TL Sesamöl · 1/2 TL Salz · 1 EL Zucker · 2 EL Öl zum Braten

Zubereitung

1 Den Spinat verlesen, waschen und trocknen. Den Ingwer schälen und fein hacken. Für die Sauce Sojasauce, Essig, Sesamöl, Salz und Zucker verrühren.
2 In einem großen Topf reichlich Wasser aufkochen. Den Spinat darin einige Sekunden sprudelnd kochen, bis er intensiv grün ist, und auf ein Sieb abgießen. Das Sieb kurz in eiskaltes Wasser tauchen. Die Blätter abtropfen lassen, ausdrücken und mit einer Gabel lockern.
3 Das Öl im Wok erhitzen und den Ingwer darin bei schwacher Hitze unter Rühren kurz anbraten, bis er duftet. Die Sauce zugeben und mischen. Den Spinat damit beträufeln und sofort servieren.

TCM-Empfehlung.
• **Bei Verstopfung.**
• **Bei Hämorrhoiden die halbe Menge Ingwer nehmen.**

AVOCADO-TOFU-MUS

Der Appetizer für unbeschwertes Genießen: Servieren Sie das Püree vor einem reichhaltigen Essen – als Häppchen auf gerösteten Brotscheiben oder einem zarten Endivienblatt.

Für 1 Portion

1/2 Avocado · 1 EL Zitronensaft · 100 g Tofu · 1 EL helle Sojasauce · 1/2 TL Salz
1 Prise weißer oder schwarzer Pfeffer aus der Mühle · 1 EL Distelöl

Zubereitung

1 Die Avocado schälen, vom Kern befreien und mit dem Zitronensaft in eine Schüssel geben. Den Tofu und die Sojasauce zufügen und alles mit einer Gabel möglichst fein zerdrücken.
2 Das Püree mit Salz, Pfeffer und Öl abschmecken und sofort servieren.

Tipp Am besten zum Pürieren geeignet ist die Avocadosorte »Hass« mit dunkler, fast schwarzer, stark runzeliger Schale.

TCM-Empfehlung
• **Bei Blähungen und Verstopfung 7 Tage lang einmal täglich essen – am besten vor einer Mahlzeit, die man in aller Ruhe einnehmen sollte.**
• **Beim Abklingen einer Erkältung, wenn Nase, Nebenhöhlen und Bronchien durch festsitzenden Schleim blockiert sind.**
Achtung: Bei Schnupfen mit ständig laufender Nase darf man das Mus nicht essen, denn es führt dem Körper zu viel Feuchtigkeit zu.

SPARGELSUPPE MIT HUHN

Nehmen Sie für dieses Gericht ruhig weißen Suppenspargel aus gebrochenen Stangen und reichlich Spargelköpfe.

Für 2 Portionen

1 Hähnchenschenkel (etwa 220 g) · 150 g grüner Spargel
1 Stück frischer Ingwer (etwa 1 cm) · 1/2 kleines Bund Schnittlauch · Salz

Zubereitung

1 Den Hähnchenschenkel kalt abspülen, trockentupfen und in Ober- und Unterkeule teilen.

2 In einem Topf 800 Milliliter Wasser aufkochen. Die Hähnchenkeulen zugeben, langsam zum Kochen bringen und den Schaum abschöpfen, der sich dabei bildet. Das Fleisch zugedeckt bei schwacher Hitze 30 Minuten garen.

3 Die Spargelstangen waschen, in 5 Zentimeter lange Stücke schneiden und dabei die holzigen Enden entfernen. Den Ingwer schälen und in sehr dünne Scheibchen schneiden.

4 Den Spargel und den Ingwer in die Brühe geben, aufkochen und alles 10 Minuten sanft kochen, bis der Spargel gerade eben weich ist. Den Schnittlauch waschen, trocknen und in feine Röllchen schneiden.

5 Den Hähnchenschenkel herausnehmen, das Fleisch von den Knochen lösen und klein schneiden. Das Fleisch wieder in die Suppe geben. Die Suppe mit Salz abschmecken und mit Schnittlauch bestreut servieren.

GEBRATENE CHAMPIGNONS MIT SCHWEINEFLEISCH

Kräftige Ingwerwürze für gesunde Pilze: Champignons stärken das Immunsystem und senken hohe Cholesterinwerte.

Für 2 Portionen

Marinade: 2 EL Speisestärke · 2 EL Sherry medium · Salz · 1 EL Öl
Außerdem: 100 g Schweinefleisch zum Kurzbraten · 2 Frühlingszwiebeln
1 Stück frischer Ingwer (etwa 2 cm) · 250 g Champignons · 5 EL Öl
frisch gemahlener Pfeffer

Zubereitung

1 Für die Marinade die Speisestärke mit dem Sherry glatt rühren und etwas Salz und das Öl untermischen.

2 Das Schweineschnitzel trockentupfen, in dünne Streifen schneiden und mit der Marinade mischen. Das Fleisch zugedeckt ziehen lassen, bis alle anderen Zutaten vorbereitet sind.

3 Die Frühlingszwiebeln waschen, putzen und mit dem saftigen Zwiebelgrün schräg in etwa 2 Zentimeter lange Stücke schneiden. Die Stücke der Länge nach halbieren. Den Ingwer schälen und fein zerkleinern. Die Champignons mit einer kleinen Bürste säubern oder kurz waschen und trockentupfen. Die Pilze in Scheiben schneiden.

4 Das Öl im Wok stark erhitzen. Das Fleisch darin unter Rühren kräftig anbraten, bis es leicht gebräunt ist, und wieder herausnehmen.

5 Eventuell so viel Öl aus dem Wok schöpfen, bis nur noch 2 Esslöffel übrig sind. Den Ingwer darin unter Rühren braten, bis er duftet. Die Frühlingszwiebeln zufügen und ebenfalls kurz braten, bis sie duften.

6 Die Champignons dazugeben und bei starker bis mittlerer Hitze unter Rühren garen. Das Fleisch untermischen, alles mit Pfeffer abschmecken und sofort zu frisch gekochtem Reis servieren.

TCM-Empfehlung
Champignons helfen, wenn es mit der Verdauung nicht so recht klappen will oder wenn sich bei einer Erkältung der Husten festgesetzt hat. Sie lösen den Schleim und spenden dem Darm genügend Feuchtigkeit.

Tipp: Die Pilze nur so lange braten, bis sie leicht glasig wirken. Dann sind sie gar, gut im Biss und reich an Aroma.

KARTOFFELSAFT MIT HONIG

Für 10 Portionen

1 kg fest kochende Kartoffeln · 150 ml Honig

Zubereitung

1 Die Kartoffeln waschen, schälen und würfeln. Im Entsafter auspressen und den Saft auffangen.

2 100 Milliliter Wasser mit dem Kartoffelsaft mischen und offen bei mittlerer Hitze dickflüssig einkochen, dabei häufig umrühren.

3 Den Honig zugeben und bei schwacher Hitze sanft kochen, bis der Saft stark eingedickt ist.

4 Den Saft abkühlen lassen, in sauber gespülte Schraubgläser füllen und verschlossen im Kühlschrank aufbewahren.

TCM-Empfehlung
• Bei Verstopfung und
• bei Magenschmerzen 20 Milliliter Saft etwa 2 Wochen lang jeweils vor dem Frühstück und vor dem Abendessen einnehmen.

Bringt Sie in Schwung: Bewegung und die richtige Kost.

Den Stoffwechsel ankurbeln

Ein paar Mal hintereinander zu viel gegessen, vielleicht auch ein bisschen zu viel Alkohol und viel zu wenig Schlaf – das macht schlapp und lustlos. Hier helfen schon zwei Tage mit leichter Kost wieder auf die Beine. Wenn man eine Krankheit überstanden hat, Diät halten oder einfach fit sein will, muss man den Stoffwechsel über längere Zeit aktivieren.

SUPPE MIT TONGGUPILZEN

Ständige Müdigkeit kann auf schwache Nieren hindeuten.

TCM-Empfehlung
- **Bei Nierenschwäche mit Blasenproblemen, Zeichen für geschwächtes Yang (siehe Seite 10).**
- **Bei Abgeschlagenheit und Erkältungsneigung.**

Für 4 Portionen
8 getrocknete Tonggupilze · 1 Stück frischer Ingwer (etwa 2 cm)
500 g rohe Schweinerippen · Salz

Zubereitung
1 Die Pilze in einer Schüssel mit heißem Wasser übergießen und 30 Minuten quellen lassen, bis sie weich sind. Auf ein Sieb abgießen, kalt abspülen und die Stiele abschneiden. Den Ingwer schälen und in dünne Scheiben schneiden.
2 Etwa 1 Liter Wasser in einem großen Topf zum Kochen bringen. Die Schweinerippen zugeben, aufkochen und 5 Minuten bei schwacher Hitze sanft kochen, dabei den Schaum abschöpfen.
3 Die Pilze zugeben, erneut aufkochen und alles zugedeckt bei schwacher Hitze 1 Stunde garen.
4 Die Rippen herausnehmen. Das Fleisch ablösen und in die Suppe geben. Mit Salz abschmecken.

Tipp Wenn Sie die Suppe mit Schnittlauchröllchen, frisch gehackter Petersilie oder Korianderblättchen bestreuen, sieht sie noch schöner aus und liefert ein paar Mineralstoffe zusätzlich.

GEBRATENER CHINAKOHL

Den »König der Gemüse«, wie man Kohl in China nennt, isst man aus dem Wok, als Suppe und als Sauerkraut.

Für 2 Portionen
4 Mu-Err-Pilze (etwa 10 g) · 200 g Chinakohl · 1 Frühlingszwiebel
1 Stück frischer Ingwer (etwa 2 cm) · 2 EL Öl · Salz

Zubereitung
1 Die Pilze mit heißem Wasser übergießen und ungefähr 30 Minuten quellen lassen, bis sie weich sind. Auf ein Sieb abgießen, kalt abspülen und grob zerkleinern.
2 Den Chinakohl waschen, abtropfen lassen und in knapp fingerbreite Streifen schneiden.
3 Die Frühlingszwiebel waschen, putzen und zusammen mit dem Zwiebelgrün schräg aufschneiden. Den Ingwer schälen und in streichholzdünne Stifte schneiden.

4 Das Öl im Wok erhitzen und den Ingwer darin bei mittlerer Hitze unter Rühren braten, bis er duftet.
5 Den Chinakohl zugeben und etwa 3 Minuten unter Rühren braten. Die Pilze und die Frühlingszwiebel zugeben. Alles bei mittlerer Hitze unter Rühren etwa 3 Minuten braten, bis der Chinakohl bissfest ist.
6 Alles mit etwas Salz abschmecken und sofort zu frisch gekochtem Reis servieren.

Tipp Falls der Chinakohl bei diesem Gericht zu viel Flüssigkeit abgibt, 1/2 Teelöffel Speisestärke mit 1/2 Esslöffel Wasser glatt rühren und das Gemüse damit binden.

GEBRATENE SOJABOHNENSPROSSEN

Eine Wahl ohne Qual: statt Gesundheitstee aus der Apotheke lieber ein feines Sprossengemüse aus dem Wok.

Für 1 Portion
2 Frühlingszwiebeln · 1 Stück frischer Ingwer (etwa 3 cm)
200 g frische Sojabohnensprossen · 1 1/2 EL Öl · 1 1/2 EL Essig · Salz

TCM-Empfehlung
Chinakohl fördert den Stoffwechsel über die Nieren und hilft bei Beschwerden, die durch zu wenig Flüssigkeit im Körper entstehen:
• Verstopfung
• trockener Mund und rauer Hals
• festsitzender Husten mit Schleim, der sich nicht löst.

TCM-Empfehlung
Sojasprossen unterstützen die Harnausscheidung, weil sie zu viel Hitze in der Blase senken und durch »kühles« Yin ausgleichen. Deshalb setzt man die Sprossen auch bei urologischen Beschwerden ein.

Zubereitung

1 Die Frühlingszwiebeln waschen, putzen und mit dem saftigen Grün schräg aufschneiden. Den Ingwer schälen und in streichholzdünne Stifte schneiden. Die Sojabohnensprossen gut waschen und abtropfen lassen.

2 Das Öl im Wok stark erhitzen. Den Ingwer und die Frühlingszwiebeln zugeben und bei schwacher Hitze unter Rühren kurz anbraten. Die Sojabohnensprossen zugeben und 2 bis 3 Minuten unter Rühren braten.

3 Alles mit dem Essig und etwas Salz abschmecken und sofort zu frisch gekochtem Reis servieren.

DREI-GEMÜSE-PLATTE

Hier treffen sich aromatische Pilze, leicht bitterer Kohl, süßer Mais und Sichuan-Pfeffer.

Für 4 Portionen

5 Duftpilze · 300 g Paksoi · 8 frische Mini-Maiskölbchen · 1 EL Öl
3–4 EL Hühner- oder Knochenbrühe · 1/2 TL Speisestärke · Salz
1 Prise fein zermahlene Sichuan-Pfefferschalen (siehe Seite 131)

Zubereitung

1 Die Duftpilze mit heißem Wasser übergießen und etwa 30 Minuten quellen lassen. Die Pilze abgießen, kalt abspülen, abtropfen lassen und die Stiele entfernen.

2 Den Paksoi und den Mais waschen. Den Paksoi schräg aufschneiden. Von den Maiskölbchen die harten Stielansätze abschneiden.

3 Das Öl im Wok erhitzen und die Pilze darin bei starker Hitze unter Rühren anbraten, bis sie duften. Die Brühe dazugeben, aufkochen und die Pilze zugedeckt bei mittlerer Hitze etwa 10 Minuten garen.

4 Den Mais und Paksoi zufügen und bei schwacher Hitze etwa 3 Minuten garen. Pilze, Mais und Paksoi herausnehmen und auf einer Platte anrichten.

5 Die Stärke mit 1 Esslöffel kaltem Wasser glatt rühren und zur Brühe geben. Die Sauce mit Salz und Sichuan-Pfeffer würzen, unter Rühren dickflüssig kochen und über das Gemüse träufeln.

TCM-Empfehlung
• Bei angegriffener Leber, Völlegefühl und Unwohlsein im Bauch, denn Paksoi entlastet Leber und Magen.
• Das Essen senkt die Hitze im Körper und hilft deshalb bei Hautproblemen wie Furunkeln, Pickeln und Akne.

Speisestärke immer zuerst mit Flüssigkeit glatt rühren, damit sie sich gut löst. Erst dann mit Salz, Gewürzen und Öl mischen.

GEBRATENER TINTENFISCH MIT STAUDENSELLERIE

Ein Beispiel für die Harmonie beim Essen: meeressalziger Tintenfisch, kombiniert mit scharfem Ingwer und Sellerie, der als süß gilt.

Für 2 Portionen

200 g küchenfertiger frischer Tintenfisch · 200 g kleine Stangen Staudensellerie
1 Stück frischer Ingwer (etwa 1 cm) · 1 1/2 EL Öl · 1 TL Sherry medium · Salz
1 Prise Rohrzucker

Zubereitung

1 Den Tintenfisch und den Sellerie waschen, trockentupfen und in Stücke schneiden (siehe Seite 22).

2 Den Ingwer schälen und in sehr feine Streifen schneiden.

3 Im Wok 1/2 Esslöffel Öl erhitzen. Den Ingwer zugeben und zweimal bei mittlerer Hitze durchrühren.

4 Den Sellerie zugeben und unter weiterem Rühren 1 Minute schmoren. Falls er zu wenig Saft bildet, 2 Esslöffel kaltes Wasser zufügen. Den Sellerie herausnehmen.

5 Den Rest des Öls in den Wok geben und stark erhitzen. Den Tintenfisch darin unter ständigem Rühren braten, bis er weiß ist.

6 Sellerie und Sherry untermischen, mit Salz und Zucker würzen und sofort anrichten.

TCM-Empfehlung
• Tintenfisch und Staudensellerie beruhigen die Leber.
• Das Gericht wirkt positiv bei Erschöpfung und Antriebsschwäche.
• Wer gerne Tintenfisch mag, ihn sich aber wegen des hohen Cholesteringehaltes nicht oft gönnt: Staudensellerie bringt Blutdruck und Blutfettwerte wieder ins Lot.

Tintenfisch sollten Sie nur ganz kurz braten, damit er zart bleibt.

TINTENFISCH MIT WALNÜSSEN

Dieses Gericht wirkt bei typischen Frauenleiden.

Für 1 Portion

120 g küchenfertiger frischer Tintenfisch · 1 Stück frischer Ingwer (etwa 1 cm)
1 Frühlingszwiebel · 15 g Walnusskerne · 3 EL Öl · Salz

TCM-Empfehlung
• **Stärkt die Nieren.**
• **Bei zu schwacher Monatsblutung den Tintenfisch drei Tage vor der fälligen Blutung essen. Nach der Menstruation jeden Tag eine Tasse Hühnerbrühe trinken.**

Zubereitung

1 Den Tintenfisch waschen, trockentupfen und in 3 Zentimeter breite Stücke schneiden (siehe Seite 22).

2 Den Ingwer schälen und in dünne Scheiben schneiden. Die Frühlingszwiebel waschen, putzen und mit dem saftigen Zwiebelgrün schräg in 2 Zentimeter lange Stücke schneiden. Die Walnusskerne grob hacken.

3 Etwa 1/2 Esslöffel Öl im Wok erhitzen. Den Ingwer und die Frühlingszwiebel darin bei mittlerer Hitze unter Rühren etwa 1 Minute braten und wieder herausnehmen.

4 Das restliche Öl in den Wok geben und stark erhitzen. Den Tintenfisch darin rasch unter ständigem Rühren braten, bis er weiß ist. Ingwer, Frühlingszwiebeln und Walnüsse untermischen. Alles mit Salz würzen und sofort servieren.

Köstliches Duo: knusprige, in der Teighülle ausgebackene Shrimps und geröstete Cashewkerne.

SHRIMPS MIT CASHEWNUSSKERNEN

Dieses Gericht erinnert ein wenig an japanisches Tempura: Shrimps in leichter Teighülle aus dem Wok.

Für 4 Portionen

350 g küchenfertige, frische Shrimps (Tiefseegarnelen) · 1 Eiweiß
1 EL Sherry medium · 1/2 TL Salz · 1 EL Speisestärke · 6–7 EL Öl
100 g Cashewnusskerne

Zubereitung

1 Die Shrimps kalt abspülen und auf einem Sieb abtropfen lassen.
2 Das Eiweiß mit einer Gabel leicht schaumig schlagen. Shrimps, Sherry und Salz zugeben und alles gut vermischen. Die Speisestärke durch ein kleines Sieb darüber streuen und unterrühren.
3 Das Öl im Wok erhitzen. Die Shrimps darin unter Rühren rasch braten, bis die Teighülle hellgelb ist. Mit einem Schaumlöffel herausnehmen und auf Küchenpapier geben.
4 Etwa 2 Esslöffel Öl im Wok zurückbehalten und die Cashewnüsse darin bei schwacher Hitze braten, bis sie duften. Die Shrimps wieder zugeben und nur kurz durchrühren.
5 Alles auf einer vorgewärmten Platte zu frisch gekochtem Reis servieren.

ENTE MIT MARONEN

Getrocknete, geschälte Maronen geben Geflügel und Schweinefleisch ein süßliches, leicht rauchiges Aroma.

Für 4 Portionen

1/2 Ente (ca. 1 kg) · 2 Frühlingszwiebeln · 2 EL Sherry medium
2 EL dunkle Sojasauce · 2 EL Öl · 2 Stück Sternanis
200 g geschälte Maronen (siehe Seite 21) · Salz

Tipp Am besten gleich die dreifache Menge zubereiten, eine Portion sofort essen, die zweite im Kühlschrank aufbewahren und die dritte Portion einfrieren.

TCM-Empfehlung
• **Shrimps stärken die Yang-Energie in den Nieren und helfen deshalb bei Schmerzen im Lendenbereich.**
Achtung:
• **Bei Asthma und Allergien darf man das Gericht nicht essen.**
• **Meeresfrüchte können Hautprobleme wie Ausschlag verschlimmern.**

TCM-Empfehlung
• **Maronen stärken die Yang-Energie in den Nieren und regulieren den Wasserhaushalt.**
• **Sie helfen bei Ödemen durch zu viel Gewebeflüssigkeit.**
• **Sie lindern »nassen« Husten im Anfangsstadium einer Erkältung.**
• **Die Ente stärkt die Yin-Energie in den Nieren und hilft deshalb bei geschwollenen und schwachen Beinen.**

Zubereitung

1 Die Ente kalt abspülen, trockentupfen und in 5 Zentimeter breite Stücke schneiden (siehe Seite 21).

2 Die Frühlingszwiebeln waschen, putzen und mit dem Grün in Ringe schneiden.

3 Für die Kochbrühe den Sherry mit der Sojasauce und 800 Millilitern heißem Wasser mischen.

4 Das Öl im Wok erhitzen und die Entenstücke darin bei starker bis mittlerer Hitze rundherum anbraten.

5 Frühlingszwiebeln und Sternanis zufügen und einige Male umrühren.

6 Die Kochbrühe zugießen und einmal aufkochen, dabei den Schaum abschöpfen. Die Ente zugedeckt bei schwacher Hitze 45 Minuten garen.

7 Die geschälten Maronen (siehe Seite 21) zur Ente geben und 30 Minuten garen. Alles salzen und mit frisch gekochtem Reis auf einer Platte anrichten.

LAMMFLEISCH MIT SCHWARZEN BOHNEN

TCM-Empfehlung
• Zur besseren Durchblutung und zum Entgiften der Nieren
• bei Hexenschuss und Ischias
• bei Ohrensausen, Hitzewallungen und Nachtschweiß
3 Monate lang möglichst dreimal pro Woche essen.

Achtung: Bei Verstopfung darf man das Gericht nicht essen.

Schmerzmittel aus dem Schmortopf – so gut meint es die chinesische Medizin mit uns!

Für 3 Portionen

60 g getrocknete schwarze Bohnenkerne · 300 g Lammfleisch zum Schmoren
2 EL Öl · Salz

Zubereitung

1 Die Bohnen mit kaltem Wasser übergießen und zugedeckt im Kühlschrank etwa 6 Stunden quellen lassen.

2 Die Bohnen auf ein Sieb abgießen und die Häute entfernen, die sich beim Quellen abgelöst haben. Das Fleisch trockentupfen und in kleine Stücke schneiden.

3 Das Öl im Wok stark erhitzen und das Lammfleisch darin unter Rühren kräftig anbraten, bis es leicht gebräunt ist. 800 Milliliter Wasser zufügen und aufkochen.

4 Die Bohnen zugeben, erneut aufkochen und alles zugedeckt bei schwacher Hitze etwa 1 Stunde garen, bis die Bohnen gerade eben weich sind. Mit Salz abschmecken und zu frisch gekochtem Reis servieren.

GEDÄMPFTES LAMMFLEISCH MIT SCHARFER SAUCE

Für 4 Portionen

400 g Lammfleisch (aus der Keule ohne Knochen) · 1 Frühlingszwiebel
1 Stück frischer Ingwer (etwa 1 cm) · 1/2 milde rote Chilischote
4 EL helle Sojasauce · Salz

Zubereitung

1 Das Fleisch waschen, in einen Dämpfkorb geben und im Wok in etwa 40 Minuten weich dämpfen (siehe Seite 23). Oder in Salzwasser 30 Minuten sieden.
2 Inzwischen die Frühlingszwiebel waschen, putzen und mit dem saftigen Zwiebelgrün fein zerkleinern. Den Ingwer schälen und reiben oder fein hacken. Die Chilischote von Kernen und weißen Häuten befreien und ebenfalls fein zerkleinern. Alle Zutaten mit der Sojasauce mischen und die Sauce mit Salz abschmecken.
3 Das Lammfleisch in dünne Scheiben schneiden und heiß mit der Sauce zu frisch gekochtem Reis servieren.

TCM-Empfehlung
Kalte Kniekehlen weisen auf Blasenprobleme hin. Da hilft dieses Essen, weil es die Nieren stärkt, indem es Wärme spendet.

Zum Dämpfen eignet sich zartes Lammfleisch aus der Keule.

BOHNEN MIT HACKFLEISCH UND GLASNUDELN

Wenn die Leber vor lauter Arbeit »heißgelaufen« ist – etwa durch zu opulentes Essen oder Alkohol, helfen Hülsenfrüchte: grüne Bohnen und Glasnudeln aus Mungobohnen.

Für 2 Portionen

250 g grüne Bohnen · 1 Knoblauchzehe · 7 EL Öl · 50 g gemischtes Hackfleisch
2 EL helle Sojasauce · 50 g Glasnudeln · Salz

Zubereitung

1 Die Bohnen waschen, putzen und in etwa 4 Zentimeter lange Stücke schneiden. Die Stücke der Länge nach halbieren. Den Knoblauch abziehen und hacken.
2 Das Öl im Wok erhitzen und das Hackfleisch und die Bohnen darin braten, bis die Bohnen glasig sind.
3 Sojasauce, Knoblauch und 100 Milliliter Wasser zugeben und aufkochen.
4 Die Glasnudeln untermischen, unter Rühren weich garen. Mit Salz würzen.

TCM-Empfehlung
• Bei angegriffener Leber.
• Bei Nieren- und Blasenschwäche.

Bei Gerichten mit viel Flüssigkeit kann man die Glasnudeln trocken zugeben. Für Salate muss man sie vorher einweichen oder kurz aufkochen, damit sie weich genug zum Mischen werden.

GEBRATENES RINDFLEISCH MIT RETTICH

Rettich wird in China häufig gegart. Vor allem im Winter isst man ihn nicht roh – er gilt als zu kalt für Milz und Magen.

Für 2 Portionen

Marinade: 1 EL Speisestärke · 1 EL Sherry medium · 1 EL helle Sojasauce
1 EL Öl

Außerdem: 100 g Rinderfilet · 250 g Rettich · 1 Frühlingszwiebel · 5 EL Öl · Salz

Zubereitung

1 Für die Marinade die Speisestärke zusammen mit dem Sherry und der Sojasauce glatt rühren und das Öl untermischen.

2 Das Rindfleisch trockentupfen und in möglichst dünne Streifen schneiden. Die Rindfleischstreifen mit der Marinade mischen und etwa 20 Minuten zugedeckt ziehen lassen.

3 Den Rettich schälen und zuerst in dünne Scheiben, dann in feine Streifen schneiden. Die Frühlingszwiebel waschen, putzen und mit dem saftigen Zwiebelgrün schräg sehr dünn aufschneiden (siehe Seite 20).

4 Das Öl im Wok erhitzen. Das Rindfleisch mit der Marinade zugeben, bei starker Hitze unter ständigem Wenden anbraten, bis es nicht mehr rot ist, und wieder herausnehmen.

5 Den Rettich in den Wok geben und bei mittlerer Hitze unter Rühren braten, bis die Streifen glasig sind.

6 Das Fleisch wieder zugeben, rasch mischen und erhitzen. Alles mit Salz würzen und mit Frühlingszwiebeln bestreuen.

SCHWEINEFLEISCH MIT BOCKSDORNFRÜCHTEN

Ein Essen gegen Nierenschmerzen. Die Bocksdornfrüchte bekommen Sie in Spezialgeschäften für Kräuter und Gewürze. Nähere Informationen dazu finden Sie auf Seite 104f.

Für 2 Portionen

150 g Schweinefleisch zum Kochen (ohne Knochen) · 15 g Bocksdornfrüchte
einige Halme Schnittlauch, Koriander oder Petersilie

Zubereitung

1 Das Schweinefleisch trockentupfen und in kleine Stücke schneiden. Fleisch, Bocksdorn und 400 Milliliter Wasser in einem Topf zum Kochen bringen und 30 Minuten bei schwacher Hitze sanft kochen lassen.
2 Die Kräuter waschen, trocknen, fein zerkleinern und das Gericht damit bestreuen.

TOMATEN MIT ZUCKER

Eine Kleinigkeit mit großer Wirkung – gegen lästige Beschwerden, mit denen vor allem Frauen zu kämpfen haben.

Für 1 Portion

2–3 kleine Tomaten · 1 EL Zucker

Zubereitung

Die Tomaten waschen, entstielen, in sehr kleine Stücke schneiden und mit dem Zucker mischen. Zugedeckt bei Zimmertemperatur 10 Minuten ziehen lassen.

TCM-Empfehlung
• **Bei Nieren- und Blasenschwäche.**
• **Bei Hitzewallungen und trockenem Mund mehrmals täglich essen, bis die Beschwerden abgeklungen sind.**

SESAMBREI

Er wärmt den Organismus und gibt neue Energie.

Für 2 Portionen

50 g Klebreis · 10 g getrocknete Kamillenblüten
15 g schwarze Sesamsamen · Rohrzucker nach Geschmack

Zubereitung

1 Den Klebreis auf einem Sieb kurz kalt abspülen.
2 Den Reis zusammen mit 150 Millilitern Wasser, den Kamillenblüten und dem Sesam in einen Topf geben, aufkochen und zugedeckt bei schwacher Hitze 15 Minuten sanft kochen.
3 Den Brei mit Zucker abschmecken und warm servieren.

TCM-Empfehlung
• **Bei Leber- und Nierenschwäche.**
• **Bei Qi-Mangel (siehe Seite 13).**

Tipp Schwarze Sesamsamen und Klebreis bekommen Sie im Chinaladen, Kamillenblüten in der Apotheke.

Der Wahl des richtigen Getränks kommt in der TCM große Bedeutung zu.

Feuchtigkeit für den Körper

Für uns ist klar: Wer durstig ist, greift zu kühlen Getränken. Und wenn uns die Hitze plagt, trinken wir eben dreimal so viel. Die TCM aber rät zu gezieltem Essen. Denn wo Mineralwasser einfach »durchläuft«, regen Salat und Obstbrei, Exotendrink und saure Suppe den Organismus zur Selbsthilfe an. Und das schenkt uns schöne straffe Haut, gesunde, gut befeuchtete Schleimhäute und ein Wohlgefühl, wie man es am Meer genießen kann.

Papaya-Milch

TCM-Empfehlung Die Lunge macht den Weg für Körperflüssigkeit frei, und wenn sie gut befeuchtet ist, bleibt auch die Haut straff und zart.

Ein kühler Aperitif für heiße Sommertage. Ganz wichtig: Mixen, servieren und trinken – nur dann schmeckt der Drink erfrischend. Bei längerem Stehen wird er bitter.

Für 4 Portionen

1 reife Papaya · 1 EL Rohrzucker · 1 l kalte Milch

Zubereitung

1 Die Papaya schälen, entkernen, in Stücke schneiden und die Fruchtstücke mit dem Zucker pürieren.

2 Das Fruchtpüree mit der Milch vermischen und sofort in eisgekühlten Gläsern servieren.

Gurkensalat

TCM-Empfehlung Bei Beschwerden durch Hitzestau, etwa Halsschmerzen und rote Augen.

Einen kühlen Salat – besonders mit den sehr wasserreichen Gurken – mögen wir an heißen Sommertagen. In China isst man ihn auch, wenn die Hitze nicht äußerlich drückt, sondern im Körper sitzt.

Für 1 Portion

1/2 Knoblauchzehe · 1 Stück Salatgurke (etwa 200 g)
1 EL helle Sojasauce · 1 EL Essig · 1 Prise Salz

Zubereitung

1 Den Knoblauch abziehen und sehr fein hacken. Die Gurke schälen und in dünne Scheiben schneiden.

2 Gurke und Knoblauch mit Sojasauce, Essig und Salz mischen und zugedeckt 20 Minuten ziehen lassen.

SUPPE MIT MUNGOBOHNEN

Viele Suppen bauen Körpersäfte auf und sorgen so für Wohlbefinden an heißen Tagen.

Für 1 Portion

50 g Mungobohnen · 1 TL Kandiszucker

Zubereitung

1 Die Bohnen mit kaltem Wasser übergießen, 1 Stunde zugedeckt quellen lassen, abgießen und abtropfen lassen.
2 In einem Topf 1 1/2 Liter Wasser aufkochen. Die Bohnen zufügen, aufkochen und zugedeckt bei schwacher bis mittlerer Hitze 10 Minuten garen.
3 Den Kandiszucker zugeben und unter Rühren in der heißen Suppe auflösen. Die Suppe gekühlt servieren.

SAUERKRAUTSUPPE MIT ERBSEN

Für 2 Portionen

100 g grüne Erbsen · 200 g frisches Sauerkraut · 1/2 l Fleisch- oder Knochenbrühe · Salz · frisch gemahlener weißer Pfeffer · 1/2 Bund Schnittlauch

Zubereitung

1 Die Erbsen waschen. Das Sauerkraut zerpflücken.
2 Die Brühe in einem Topf aufkochen. Das Sauerkraut zugeben, aufkochen und zugedeckt bei schwacher Hitze etwa 10 Minuten kochen.
3 Die Erbsen zugeben, aufkochen und in 3 bis 5 Minuten zugedeckt gerade eben weich garen. Die Suppe nach Belieben mit Salz und Pfeffer abschmecken.
4 Den Schnittlauch waschen, trocknen und in feine Röllchen schneiden. Die Suppe damit bestreuen und sofort servieren.

TCM-Empfehlung
• Bei Blasenproblemen, d. h., wenn die Harnausscheidung nur schwer funktioniert
• bei trockenem Mund und Hals.

TCM-Empfehlung
• Löscht den Durst, indem sie den Körper anregt, Säfte aufzubauen.
• Hilft bei erschwerter Harnausscheidung.

Für das Gericht können Sie frische oder tiefgefrorene Erbsen nehmen. Bei frischen Palerbsen brauchen Sie etwa 250 Gramm Schoten.

*Mariniertes Schweine-
fleisch wird mit Gemüse
und Erdnüssen pfannen-
gerührt.*

GEBRATENES SCHWEINEFLEISCH MIT ERDNÜSSEN

**TCM-Empfehlung
Erdnüsse helfen bei
Hustenreiz und Ver-
stopfung: Sie bringen
Feuchtigkeit in die
Lungen, Energie in
Milz und Magen.
Achtung: Das Gericht
sollte man nicht essen
bei fiebrigen Erkran-
kungen mit zähem
Schleim, Entzündun-
gen, Hautausschlag
oder Bläschen auf
Lippen oder Zunge.**

Als reine Knabberei sind Erdnüsse viel zu schade: In China schätzt man sie als Cholesterinsenker, Nerventonikum und wichtigen Kalziumlieferanten.

Für 4 Portionen

Marinade: 1 EL Speisestärke · 1 EL helle Sojasauce · 1 EL Sherry medium
1 Prise Salz · 1 EL Öl
Sauce: 50 ml Hühnerbrühe · 1 EL helle Sojasauce · 1 EL Essig
1 EL Zucker · 1/2 TL Speisestärke
Außerdem: 200 g Schweinefleisch zum Kurzbraten · 1 Frühlingszwiebel
1 Stück frischer Ingwer (etwa 5 cm) · 3 Knoblauchzehen · 7 EL Öl
15 Sichuan-Pfefferschalen · 70 g ungesalzene Erdnusskerne (etwa 1/2 Tasse)

Zubereitung

1 Für die Marinade die Speisestärke zusammen mit der Sojasauce und dem Sherry glatt rühren und Salz und Öl untermischen.

2 Das Schweinefleisch trockentupfen und in kleine Würfel schneiden. Mit der Marinade mischen und zugedeckt ziehen lassen.

3 Für die Sauce die Brühe mit Sojasauce, Essig, Zucker und Speisestärke verrühren.

4 Die Frühlingszwiebel waschen, putzen und mit dem saftigen Zwiebelgrün schräg aufschneiden. Ingwer schälen, Knoblauch abziehen und beides fein hacken.

5 Das Öl im Wok erhitzen. Das Schweinefleisch darin unter Rühren anbraten, bis es nicht mehr rot ist, und herausnehmen.

6 Das Öl bis auf etwa 2 Esslöffel aus dem Wok schöpfen. Die Pfefferschalen ins Bratöl geben und bei mittlerer Hitze unter Wenden anbraten, bis sie duften.

7 Frühlingszwiebeln, Ingwer, Knoblauch und Fleisch zugeben und unter Wenden braten, bis es duftet.

8 Zuerst die Sauce, dann die Erdnüsse in den Wok geben. Alles unter Rühren noch einmal rasch erhitzen.

Tipp Sichuan-Pfefferschalen bekommen Sie in Chinaläden. Für genaue Informationen siehe Seite 131

TRAUBENSIRUP MIT HONIG

Dieser köstliche Traubensirup schmeckt ähnlich wie selbst gekochte Konfitüre und ist gut zum Befeuchten der Schleimhäute geeignet. Die angegebene Menge reicht aus für etwa 20 Tage und lässt sich gut verschlossen im Kühlschrank etwa 3 Wochen aufbewahren.

Für 60 Portionen

2 kg kernlose rote Weintrauben · 300 g Honig

Zubereitung

1 Die Weintrauben waschen und von den Stielen zupfen.

2 Die Trauben in einem Topf zugedeckt bei schwacher Hitze etwa 15 Minuten sanft kochen, bis sie leicht musig sind.

3 Die Trauben durch ein Sieb drücken und den Saft in einen Topf geben. Den Saft 10 bis 15 Minuten bei mittlerer Hitze ohne Deckel zu einem dickflüssigen Sirup einkochen.

4 Den Sirup mit dem Honig mischen, in sauber ausgespülte Schraubgläser füllen und abkühlen lassen.

TCM-Empfehlung

• **Bei trockenem Hals und Mund.**

• **Bei innerer Unruhe dreimal täglich etwa 1 Esslöffel Mus in einen heißen Tee einrühren und trinken. Die Behandlung über 1 bis 3 Wochen fortsetzen. Achtung: Bei nervösem Husten und bei Durchfall darf man das Mus nicht einnehmen.**

APFELEIS

Wie süß und delikat Medizin sein kann, beweist die Heilküche Chinas stets aufs Neue. Hier ein erfrischendes Eis mit saftigen Äpfeln und lockerer Eier-Milch-Creme, das für ein angenehmes »Klima« im Körper sorgt: Sie fühlen sich auch an heißen Sommertagen wohl wie an einem schönen Frühlingstag!

Für 4 Portionen

3 ganz frische Eier · 100 g Zucker · 500 g Äpfel · 1 EL Zitronensaft · 1/4 l Milch

Zubereitung

1 Die Eier mit dem Zucker schaumig schlagen, bis sie cremig und sehr hell sind.
2 Die Äpfel vierteln, schälen, entkernen und mit dem Zitronensaft pürieren.
3 Die Eiercreme mit der Milch in einem großen Topf mischen und unter ständigem Rühren aufkochen. Unter Rühren bei schwacher Hitze sanft kochen, bis die Mischung dick ist. Das Apfelpüree untermischen.
4 Die Creme in eine Porzellanschüssel geben und zugedeckt ins Tiefkühlgerät stellen. Das Eis in 4 Stunden fest werden lassen, dabei etwa alle 30 Minuten zuerst mit einem Schneebesen, dann mit einem Kochlöffel kräftig durchrühren, damit es geschmeidig wird.

Tipp Wenn Sie wirklich legefrische Eier aus Freilandhaltung bekommen, z. B. im Naturkosthandel, auf dem Wochenmarkt oder direkt auf einem Bauernhof, brauchen Sie die Eiercreme mit der Milch nicht zu kochen. Andernfalls ist das Salmonellenrisiko zu hoch: Bei Eiern aus Boden- oder Käfighaltung muss die Creme wie beschrieben gegart werden. Dabei ist ständiges Rühren wichtig, sonst gerinnen die Eier, und das Eis wird flockig.

BANANENBREI MIT MANDARINEN

Für 1 Portion

1 große reife Banane · 2 Mandarinen · 2 EL Honig

TCM-Empfehlung
• Gegen starken Durst, der sich durch Trinken nicht löschen lässt.
• Fördert den Speichelfluss, baut Körpersäfte auf und reguliert so die innere »Hitze«. Achtung: Bei Magen- und Verdauungsbeschwerden darf man das Eis nicht essen.

TCM-Empfehlung
Trinken allein hilft nicht bei schuppiger Haut, Juckreiz, trockenen Schleimhäuten und Verstopfung. Der Körper braucht kühles Obst, damit er genügend Säfte bilden kann. Das befeuchtet die Lunge, die Sauerstoff und Säfte transportiert.

Zubereitung

1 Die Banane schälen und mit einer Gabel fein zerdrücken. Die Mandarinen halbieren und auspressen.

2 Bananenpüree, Mandarinensaft und Honig mischen und sofort servieren, damit der Brei nicht braun wird.

BIRNE MIT HONIG

Läuft Ihnen beim Lesen schon das Wasser im Mund zusammen? Das soll es auch, denn die Birnen helfen, wenn der Körper mehr Feuchtigkeit braucht.

Für 1 Portion

1 große Birne · 2 EL Honig

Zubereitung

1 Die Birne waschen, halbieren und entkernen.

2 Die Birnenhälften mit der Höhlung nach oben in einen tiefen Teller legen. In jede Höhlung 1 Esslöffel Honig füllen.

3 Die Birnen etwa 20 Minuten dämpfen (siehe Seite 23) und heiß servieren.

TCM-Empfehlung
Bei nervösem Husten und trockenem Hals – Zeichen für ein geschwächtes Yin der Lunge – täglich ein- bis zweimal essen und die Behandlung 5 bis 7 Tage fortsetzen.

Cremig und erfrischend zugleich – das selbst gemachte Apfeleis.

Bei Schmerzen ist schnelle Hilfe angesagt.

Akute Beschwerden lindern

Sofortmaßnahmen sind bei verdorbenem Magen, starken Schmerzen, Erkältung und Verstopfung nötig. Meist kommt es einfach darauf an, den Körper zu kräftigen, damit er die Keime von außen gleich zu Beginn der Beschwerden bekämpfen kann. Dafür kennt die TCM ganz einfache »Präparate« – allesamt selbst zubereitet und mit Sicherheit ganz ohne Chemie.

INGWERTEE MIT FRÜHLINGSZWIEBELN

Den »Tee« sollte man trinken, sobald sich eine Erkältung mit Unwohlsein, Frösteln und Gliederschmerzen ankündigt.

Für 1 Portion
6 dünne Frühlingszwiebeln · 1 Stück frischer Ingwer (etwa 2 cm)
2 EL Rohrzucker

TCM-Empfehlung Bei Erkältung mit Schnupfen und Halsschmerzen bis zu dreimal täglich trinken, bis die Beschwerden abgeklungen sind. Den Tee zugedeckt im Kühlschrank aufbewahren und bei Bedarf wieder erhitzen.

Zubereitung
1 Die Frühlingszwiebeln waschen, putzen, trocknen und nur die weißen Teile in etwa 3 Zentimeter lange Stücke schneiden. Den Ingwer schälen und in dünne Scheiben schneiden.

2 1 Liter Wasser zum Kochen bringen. Zwiebel und Ingwer zugeben und 5 Minuten bei mittlerer bis schwacher Hitze sanft kochen.

3 Den Zucker unterrühren und den »Tee« heiß trinken.

INGWERTEE

Ingwer ist eine echte Gesundheitsknolle. So wirkt dieser Tee beruhigend auf den Magen und vertreibt die feuchte Kälte aus dem Körper.

Für 1 Portion
1 Stück frischer Ingwer (etwa 3 cm) · 1 EL Rohrzucker

Zubereitung

1 In einem Topf 1/4 Liter Wasser aufkochen.

2 Den Ingwer schälen, in dünne Scheiben schneiden und zugeben. Die Ingwerscheiben zugedeckt 5 Minuten bei mittlerer bis schwacher Hitze sanft kochen.

3 Den Zucker untermischen und den Tee heiß trinken.

TCM-Empfehlung
Bei Erkältung mit Übelkeit und Magenbeschwerden bis zu dreimal täglich trinken, bis die Beschwerden abgeklungen sind.

TEE VON FRÜHLINGSZWIEBELN

Schmeckt noch interessanter als der reine Tee mit den grünen Frühlingszwiebelchen.

Für 1 Portion

3 dünne Frühlingszwiebeln · 1 Stück frischer Ingwer (etwa 2 cm)
2 TL Jasminteeblätter · 2 Stückchen getrocknete Mandarinenschale

Zubereitung

1 Die Frühlingszwiebeln putzen, die weißen Teile abschneiden und waschen. Den Ingwer schälen.

2 Zwiebeln, Ingwer, Teeblätter und Mandarinenschalen mit 1 1/2 Liter kaltem Wasser aufkochen.

3 Den Tee zugedeckt bei schwacher Hitze etwa 20 Minuten sanft kochen und heiß servieren.

TCM-Empfehlung
Bei Erkältung im Anfangsstadium mehrmals täglich trinken, bis die Beschwerden abgeklungen sind. Zum kurzen Aufbewahren in einer Thermosflasche warm halten.

MANDELMILCH

Der Anti-Husten-Drink für Kinder.

Für 1 Portion

1/4 l fettarme Milch · 1 EL abgezogene, gemahlene Mandeln
1 EL Weichkastanienstärke oder andere Speisestärke · 1 EL Rohrzucker

Zubereitung

1 Die Milch aufkochen.

2 Mandeln und Kastanienstärke mit 3 Esslöffeln kaltem Wasser glatt rühren, in die kochende Milch rühren und unter Rühren aufkochen, bis die Mischung dickflüssig wird.

3 Den Rohrzucker untermischen und die Mandelmilch heiß oder lauwarm abgekühlt trinken.

TCM-Empfehlung
Bei Husten zwei- bis dreimal täglich trinken, bis die Beschwerden abgeklungen sind.

MILCHREIS MIT DATTELN

Essen Sie diesen Brei, wenn die Verdauung stockt und Sie sich schwer wie ein Klotz fühlen. Vermutlich braucht Ihr Körper einfach mehr Feuchtigkeit.

Für 2 Portionen

10 getrocknete chinesische Datteln (siehe Seite 108) · 50 g Rundkornreis
1/2 l Milch

Zubereitung

1 Die Datteln waschen, halbieren und gegebenenfalls entkernen. Den Reis auf einem Sieb kurz kalt abspülen.
2 Beide Zutaten zusammen mit der Milch in einem Topf aufkochen und dabei immer wieder umrühren.
3 Den Milchreis zugedeckt bei schwächster Hitze in etwa 30 Minuten weich kochen und sofort servieren.

TCM-Empfehlung
• Bei Verstopfung
• Bei trockenem Husten.

APFELMUS

Für 1–2 Portionen

2 Äpfel

Zubereitung

1 Die Äpfel vierteln, schälen, entkernen und in Scheiben schneiden. Die Apfelstücke in einem Topf ohne Flüssigkeit bei mittlerer bis schwacher Hitze 20 Minuten zugedeckt dünsten.
2 Das Apfelmus mit einer Gabel zerdrücken und warm servieren.

TCM-Empfehlung
Bei Durchfall, etwa nach zu schwerem, zu fettem oder ungewohntem Essen, dreimal täglich essen, bis die Beschwerden abgeklungen sind.

GEDÄMPFTE MÖHREN

Für 1 Portion

2 Möhren

Zubereitung

1 Die Möhren waschen, schälen und in kleine Stücke schneiden.
2 Die Möhrenstücke mit etwas Wasser zugedeckt 20 Minuten dünsten.

TCM-Empfehlung
Bei schwerer Verdauungsstörung mit heftigem Durchfall zusammen mit Zwieback in kleinen Portionen essen, bis die Beschwerden abgeklungen sind.

REISBREI MIT LOTOSSAMEN

Für 1 Portion

30 g Reis · 15 g Lotossamen · 1 kleines Stück geschälte Yamswurzel
(ca. 15 g; siehe Seite 139)

Zubereitung

1 Reis, Samen und Wurzel in einem Sieb kalt abspülen.
2 Alles in 1 1/2 Liter kochendes Wasser geben, aufkochen und zugedeckt bei schwacher Hitze 40 Minuten sanft kochen. Den Reisbrei warm oder kalt servieren.

TCM-Empfehlung
Bei Durchfall zwei- bis dreimal täglich 1 Portion essen, bis die Beschwerden abgeklungen sind.

RETTICHSAFT

Der Saft ist gleich zweifach wirksam: Bei Verstopfung und Husten, denn er gibt verbrauchte Flüssigkeit zurück.

Für 2 Portionen

1 großer weißer Rettich · 2 EL Kandiszucker

Zubereitung

1 Den Rettich schälen, in Stücke schneiden und im Entsafter auspressen.
2 Den Saft mit dem Kandiszucker in einen Topf geben.
3 Den Topf in ein heißes Wasserbad stellen und den Saft unter Rühren kochen, bis sich der Kandiszucker vollständig aufgelöst hat.

TCM-Empfehlung
• Bei Verstopfung mit Blähungen.
• Bei festsitzendem Husten mit zähem Schleim 200 Milliliter vor dem Schlafengehen einnehmen und die Behandlung 3 bis 5 Tage fortsetzen.

Zwei fixe Helfer bei Verstopfung: gesüßter Rettichsaft und schwarzer Sesam mit Honig.

MÖHRENSAFT

TCM-Empfehlung
Bei Verstopfung mit Blähungen 200 Milliliter Saft morgens und abends trinken, bis die Verdauung wieder funktioniert.

Für 2 Portionen

500 g Möhren · 2 EL Honig

Zubereitung

1 Die Möhren waschen und im Entsafter auspressen.

2 Den Möhrensaft mit dem Honig vermischen.

HONIG MIT SCHWARZEN SESAMSAMEN

TCM-Empfehlung
Bei Verstopfung mit aufgeblähtem Leib 3 bis 6 Wochen vor dem Frühstück einnehmen.
Achtung: Bei Blähungen mit Durchfall nicht essen.

Ältere Menschen, Schwangere und stillende Frauen leiden oft an träger Verdauung. Da hilft diese Sesammischung.

Für 1 Portion

1 EL schwarze Sesamsamen · 2 EL Honig · 3 EL Milch

Zubereitung

Die Sesamsamen in einem Schälchen mit dem Honig und der Milch gründlich mischen und langsam kauen.

WEISSE-BOHNEN-BREI

Die Zubereitung dauert mit der Zeit zum Quellen einige Stunden, da sich bereits gegarte Bohnen aus der Dose oder dem Glas für dieses Rezept nicht eignen. Der Brei hält sich verschlossen im Kühlschrank maximal 2 Tage.

Für 1 Portion

15 g getrocknete weiße Bohnenkerne · 15 g Reis

TCM-Empfehlung
Bei chronischem Durchfall in kleinen Portionen eventuell mit Zwieback essen, bis die Beschwerden abgeklungen sind.

Zubereitung

1 Die Bohnen mit kaltem Wasser übergießen und zugedeckt im Kühlschrank etwa 6 Stunden quellen lassen.
2 Die Bohnen auf ein Sieb abgießen und die Häute entfernen. Den Reis waschen.

3 300 Milliliter Wasser aufkochen. Bohnen und Reis zufügen, aufkochen und zugedeckt bei schwacher Hitze 30 Minuten sanft garen.
4 Die Bohnen zerdrücken und warm servieren.

INGWER MIT SCHWARZEM PFEFFER

Für 3 Portionen

30 g frischer Ingwer · 9 g schwarze Pfefferkörner

Zubereitung

1 Den Ingwer schälen, klein hacken und zusammen mit dem Pfeffer in 1 Liter kaltes Wasser geben.

2 Beides bei schwacher bis mittlerer Hitze etwa 1 Stunde kochen, bis noch 600 Milliliter Flüssigkeit übrig sind.

REISWEIN MIT WEISSEM PFEFFER

Statt eines Digestifs probieren Sie doch mal diesen Reiswein mit Pfeffer.

Für 1 Portion

20 ml Reiswein · 6 weiße Pfefferkörner

Zubereitung

Den Reiswein mit den Pfefferkörnern in einem kleinen Topf im heißen Wasserbad erwärmen und warm trinken.

TCM-Empfehlung
Bei Übelkeit und Erbrechen morgens, mittags und abends nach den Hauptmahlzeiten warm trinken und die Behandlung über 3 bis 5 Tage fortsetzen.

TCM-Empfehlung
• Bei Sodbrennen.
• Bei Völlegefühl und Blähungen 1,5 Gramm fein gemahlenen weißen Pfeffer mit lauwarmem Wasser vermischen.

Nach dem Essen serviert, erleichtert der Reiswein mit weißem Pfeffer die Verdauung.

MUNGOBOHNEN MIT PFEFFER

Für 2 Portionen
3 g weiße Pfefferkörner · 15 g Mungobohnen

TCM-Empfehlung
• Zum Entgiften der Leber.
• Bei verdorbenem Magen durch zu viel Alkohol oder falsches Essen.

Zubereitung

1 Pfefferkörner und Mungobohnen im Mörser möglichst fein zerreiben.

2 Beides mit 200 Millilitern heißem Wasser mischen und 20 Minuten ziehen lassen.

HAFERFLOCKEN IN BOHNENBRÜHE

Für 2 Portionen
20 g getrocknete weiße Bohnenkerne · 3 EL Haferflocken

TCM-Empfehlung
Bei Völlegefühl nach einem schweren Essen anstelle einer Mahlzeit einnehmen.

Zubereitung

1 Die Bohnen mit Wasser übergießen, im Kühlschrank 6 Stunden quellen lassen und auf ein Sieb abgießen.
2 Die Bohnen mit 400 Millilitern Wasser aufkochen und zugedeckt bei schwacher Hitze etwa 1 Stunde garen, bis sie weich sind.

3 Die Bohnen erneut auf das Sieb abgießen und die Kochbrühe dabei auffangen.
4 Die Haferflocken mit der Kochbrühe in einen Topf geben, unter Rühren aufkochen und zugedeckt bei schwacher Hitze etwa 20 Minuten garen.

KARTOFFEL-MANDARINEN-SAFT

TCM-Empfehlung
Bei Übelkeit und Appetitlosigkeit wegen depressiver Verstimmung, Traurigkeit und schlechter Laune den Saft dreimal täglich vor dem Essen einnehmen.

Dieser Saft heitert auf, wenn man sich am liebsten in ein tiefes Loch verkriechen möchte.

Für 1 Portion
1 Mandarine · 1 fest kochende Kartoffel (etwa 150 g) · 1 Stück frischer Ingwer

Zubereitung

1 Die Mandarine schälen.
2 Die Kartoffel waschen, schälen, den Ingwer schälen und beides klein schneiden.

3 Die Mandarine mit der Kartoffel und dem Ingwer im elektrischen Entsafter auspressen.

GERÖSTETER SESAM

Wenn sich bei älteren Menschen die Organe senken, führt man das auf die natürliche Erschlaffung des Bindegewebes zurück und rät zu Gymnastik. Sesam kauen hilft ebenfalls.

Für 10 Portionen
50 g Sesamsamen · 10 EL Honig

Zubereitung
Den Sesam in der Pfanne bei schwacher Hitze rösten, bis er zart duftet. Dabei immer wieder umrühren oder die Pfanne rütteln, damit der Sesam gleichmäßig gart.

STARKES SALZWASSER

Für eine Dosierung
1 gestrichenen TL Salz (etwa 3 g)

Zubereitung
200 Milliliter Wasser aufkochen, das Salz dazugeben, unter Rühren auflösen und abkühlen lassen.

MÖHRENSAFT MIT DATTELN

Zur Hustenprophylaxe, z. B. bei einer nahenden Erkältung, isst man die Möhren und Datteln; bei akuten Beschwerden trinkt man nur den durchgesiebten Saft.

Für 1 Portion
200 g Möhren · etwa 10 getrocknete chinesische Datteln (etwa 20 g)

Zubereitung
1 Die Möhren waschen, schälen und in kleine Stücke schneiden. Die Datteln waschen und entkernen.
2 Beides mit 600 Millilitern Wasser in einen Topf geben, aufkochen und etwa 30 Minuten bei schwacher Hitze sanft kochen, bis nur noch 300 Milliliter Saft übrig sind.
3 Den Saft durch ein Sieb abgießen und auffangen.

TCM-Empfehlung
• Bei Gebärmuttersenkung.
• Bei Darmvorfall.
• Bei Schwäche des Bindegewebes.
• Bei Verstopfung täglich zwei- bis dreimal vor den Hauptmahlzeiten 5 Gramm geröstete Samen mit 1 Esslöffel Honig mischen, gut kauen und schlucken.

TCM-Empfehlung
• Bei Zahnfleischentzündung und Zahnfleischbluten
• bei Entzündungen im Mund
• zur Vorbeugung von Erkältungen morgens und abends mit dem Salzwasser gurgeln.

TCM-Empfehlung
• Bei chronischem Husten.
• Bei Keuchhusten dreimal täglich jeweils 100 Gramm bzw. Milliliter vor den Hauptmahlzeiten essen bzw. trinken und die Behandlung über 7 Tage fortsetzen.

MU-ERR-PILZE MIT SCHWARZEN SESAMSAMEN

Für 1 Portion

6 große getrocknete Mu-Err-Pilze · 15 g schwarze Sesamsamen · etwas Zucker

TCM-Empfehlung
• Bei Hämorrhoiden.
• Bei Blutungen beim Stuhlgang einmal täglich die angegebene Menge trinken und die Behandlung über 4 Tage fortsetzen. Achtung: Blutungen, die über längere Zeit andauern, müssen fachärztlich abgeklärt werden!

Zubereitung

1 3 Pilze mit heißem Wasser übergießen und 10 Minuten quellen lassen, bis sie weich sind. Die Pilze auf ein Sieb abgießen, kalt abspülen und die knorpeligen Stielansätze entfernen.

2 Die übrigen Pilze im Wok bei schwacher Hitze rösten, bis sie duften, und herausnehmen.

3 Die Pilze zusammen mit den schwarzen Sesamsamen und etwa 300 Millilitern Wasser in einem Topf aufkochen und zugedeckt bei schwacher Hitze etwa 30 Minuten sanft kochen.

4 Die Kochflüssigkeit durch ein Sieb gießen und mit etwas Zucker vermischen. Sofort servieren.

KNOBLAUCHTEE MIT KANDISZUCKER

Diesen Knoblauchtee sollte man als Gesundheitsdrink regelmäßig einnehmen. Und damit man danach nicht zu sehr »duftet«, kaut man einfach ein paar grüne Teeblätter.

TCM-Empfehlung
• Zur Vorbeugung von Erkältungen.
• Bei Mandelentzündung.
• Bei Keuchhusten.
• Bei niedrigem Blutdruck.
• Bei Blähungen.
Die Dosierung nach dem Körpergewicht richten: Pro 10 Kilogramm Gewicht nimmt man 1 Gramm Knoblauch, 6 Gramm Zucker und 60 Milliliter Wasser.

Achtung: Bei Hämorrhoiden den Tee nicht schlucken, sondern nur den Mund damit spülen.

Für 2 Portionen

10 g Knoblauch · 60 g Kandiszucker

Zubereitung

1 600 Milliliter Wasser abkochen und erkalten lassen.

2 Den Knoblauch abziehen, in dünne Scheiben schneiden und mit dem Wasser in eine saubere Flasche füllen.

3 Die Flasche verschließen und den Knoblauch für etwa 6 bis 7 Stunden bei Zimmertemperatur ziehen lassen.

4 Den »Tee« durch ein Sieb gießen und den Knoblauch wegwerfen. Die Flüssigkeit mit Kandiszucker süßen und nach Belieben warm oder kalt trinken.

Tipp Den »Tee« ohne Kandiszucker als Dünstflüssigkeit möglichst oft zum Kochen verwenden.

SOJAMILCH

Die Milch aus gelben Sojabohnen ist Grundlage für Tofu und ein gutes Heilmittel, wenn der Magen streikt oder gegen Husten, denn Sojamilch beruhigt und löst den Schleim.

Für 2 Portionen

500 g gelbe Sojabohnen · Zucker zum Servieren

Zubereitung

1 Die Sojabohnen mit kaltem Wasser übergießen und zugedeckt im Kühlschrank 24 Stunden quellen lassen.

2 Die Sojabohnen abgießen und portionsweise pürieren, dabei insgesamt 2 Liter Wasser zugeben.

3 Ein Sieb über einen Topf hängen und mit einem Mulltuch auslegen. Den Bohnenbrei in das Sieb geben und die Flüssigkeit in den Topf laufen lassen.

4 Das Tuch über dem Bohnenbrei zusammenlegen und kräftig ausdrücken, so dass die Bohnen so viel »Milch« wie möglich abgeben. Den Bohnenbrei wegwerfen.

5 Die »Milch« im Topf aufkochen und 10 Minuten bei schwacher Hitze kochen. Die Sojamilch in sauber ausgespülte Flaschen füllen und abkühlen lassen.

6 Zum Servieren die Sojamilch mit etwas Zucker mischen. Die Flaschen verschlossen im Kühlschrank aufbewahren.

TCM-Empfehlung
• **Bei Verstopfung**
• **bei Husten**
täglich insgesamt 1/2 Liter warme Sojamilch trinken, bis die Beschwerden abgeklungen sind.

Gelbe Sojabohnen bekommen Sie im Naturkostladen und Reformhaus.

Ist nicht nur bei Kuhmilchallergie geeignet, sondern auch bei Husten und Verstopfung: Sojamilch.

Unsere Lebensmittel

In feine Streifen geschnitten und kurz im Wok gegart, bleibt Gemüse knackig und voller Vitamine.

Die Zutaten, die im Rezeptteil auftauchen, finden Sie hier auch unter dem betreffenden Stichwort – egal, ob sie typisch sind für die chinesische Küche im Allgemeinen, für die heilende Küche im Besonderen oder bekannt in der europäischen Küche. Denn diese detaillierten Informationen sollen Ihnen den Gesundheitswert unserer Lebensmittel zeigen und Ihnen helfen, eigene Ideen zur chinesischen Heilküche zu entwickeln.

Als Einstieg sind jeweils die Eigenschaften aufgeführt, die man den Produkten in der chinesischen Phytotherapie (siehe Seite 6) zuschreibt. Falls erforderlich, folgt noch ein Hinweis, bei welchen gesundheitlichen Problemen man auf das Produkt verzichten sollte.

Apfel

Zuordnung: Yin
Temperatur: Kühl
Geschmack: Süß und sauer
Wirkung: Baut Körpersäfte auf, stillt den Durst, kühlt und beruhigt, hilft bei Appetitlosigkeit und bei Durchfall.

Äpfel als Kulturobst sind in Eurasien seit Jahrtausenden bekannt. Wann sich europäische Wildarten wie Holzapfel mit asiatischen Sorten wie Paradiesapfel verbunden haben, wann der erste »Kulturapfel« gewachsen ist, in welchem Zeitraum die 15.000 bis 20.000 verschiedenen Apfelsorten entstanden sind, lässt sich historisch nicht belegen. Äpfel werden gegessen, seit der Mensch Obst sammelt, beschrieben, seit wir die Schrift kennen, gezüchtet, seit es Gärtner gibt – heute in allen gemäßigten Klimazonen der Erde. In China isst man Äpfel gewöhnlich roh oder verarbeitet sie zu süßen Gerichten (siehe Seite 86). Zur chinesischen Medizin gehören sie seit fast 2000 Jahren.

Die Menge an Äpfeln, die rund ums Jahr in den Handel kommt, täuscht darüber hinweg, dass die Sortenvielfalt in den letzten Jahrzehnten drastisch verringert wurde, dass Äpfel nachgereift werden und/oder fast nur noch aus dem Kühllager kommen. Deshalb sollte man Äpfel nicht gleich nach dem Einkauf essen oder verarbeiten. Die meisten Früchte brauchen ein bis drei Tage zum »Atmen«. Dann erst

entwickeln sie ihr Aroma, vorausgesetzt, sie sind reif gepflückt bzw. richtig gelagert worden. Die Farbe eines Apfels
– ob grüne Flecken oder rote Backen – sagt nichts über die
Qualität und den Reifegrad der Frucht aus. Qualitätsmängel
sind z. B. mehliges, fades Fruchtfleisch, Süße ohne eine Spur
von Säure, beißende Säure oder braune Stellen beim Aufschneiden.

Aprikose

Aprikosen stammen aus einem Gebiet, das von der Ukraine
über den Kaukasus und Turkestan bis Nordostchina reicht.
Vermutlich schon vor 5000 Jahren von chinesischen Völkern
aus zwei verschiedenen Aprikosenarten kultiviert, kamen
die Pflanzen noch in der Antike über Indien und Armenien
ins gesamte Römische Reich. In China zählen sie seit fast
2000 Jahren zu den diätetisch wichtigsten Früchten: mit »bitterer« Pflaume, »saurem« Pfirsich, »salziger« Wasserkastanie
und »süßer« Jujube ordnet man sie den verschiedenen Ge-
schmacksrichtungen zu. In einer Drogenkunde des 16. Jahrhunderts tauchen sie als eine der »Fünf Früchte« auf – entsprechend den fünf Organkreisen des Menschen.

Als richtige Sommerfrüchte schmecken Aprikosen erst gegen Ende Juni wirklich gut. Dann aber sind sie ein Genuss:
Fein süß und durch die Fruchtsäuren höchst aromatisch,
mit einer typischen Würze und einem Duft ausgestattet, die
auch schöne Weine und edle Parfüms charakterisieren. Her-
vorragende Aprikosen wachsen z. B. in der warmen ungari-
schen Tiefebene. Auch die Türkei liefert mit walnussgroßen
»Zuckeraprikosen« süße, aromatische Früchte.

Harte Früchte sind unreif, während ihre Farbe nichts über
die Qualität oder Reife der Aprikosen aussagt. Ob sich der
Stein leicht ablöst, hängt mit der Sorte, nicht mit dem Reifegrad zusammen. Reife Früchte sollten Sie nicht in den Kühlschrank legen, denn Kälte macht sie trocken und runzelig.
Bei Zimmertemperatur halten sie sich etwa vier Tage. Unrei-
fen Früchte legt man zum Nachreifen am besten auf eine
weiche Unterlage.

**Zuordnung: Yang
Temperatur: Warm
Geschmack: Süß und
sauer
Wirkung: Baut Körper-
säfte auf, stillt Durst
und Husten, befeuchtet
die Lungen und hilft bei
Verstopfung.**

**Adzukibohne
Siehe »Rote Bohnen«
(Seite 128).**

**Algen
Siehe »Wakame-Algen«
(Seite 136).**

Aubergine

Sie ist das einzige Gemüse aus der Familie der Nachtschattengewächse, das aus der Alten Welt kommt; die verwandten Paprikaschoten, Tomaten und Kartoffeln stammen alle aus Mittel- und Südamerika. Wilde und erste kultivierte Auberginen gab es vermutlich im tropischen Indien; dort findet man noch heute die größte Vielfalt an Sorten. In China werden Auberginen als Ackerpflanze und Nahrungsmittel schriftlich im 6. Jahrhundert n. Chr. erwähnt. Verbreitet im Westen der Alten Welt wurden die Pflanzen erst zu Beginn des 13. Jahrhunderts, als die Araber sie nach Spanien, die Perser nach Afrika brachten. Heute wachsen Auberginen in fast allen klimatisch gemäßigten Regionen, in den Subtropen und Tropen. Weiter nördlich gedeihen sie nur in Gewächshäusern, weil sie eine konstante Durchschnittstemperatur von 20 °C brauchen. Die Pflanzen sind zwar winterhart, werden im erwerbsmäßigen Anbau aber nur einjährig kultiviert.

Zuordnung: Yin
Temperatur: Kühl
Geschmack: Süß
Wirkung: Senkt das Cholesterin, beugt Herzerkrankungen, Arteriosklerose und Bluthochdruck vor.

Typisch für die chinesische wie auch für die westeuropäische Küche sind die violetten, eben die »auberginenfarbenen« Früchte: Besonders gute Qualität bekommen Sie in Mittelmeerläden. Wählen Sie möglichst kleine Früchte – sie enthalten wie die meisten Gemüsesorten weniger Wasser, aber mehr Aroma.

Austernpilz

Austernpilze werden in Pilzfarmen auf Strohballen gezogen und sind im Westen wie auch in China erst seit einigen Jahren bekannt und beliebt. Als diätetisches Lebensmittel tauchten sie deshalb erstmals in den 80er Jahren auf und werden inzwischen vielfach verwendet.

Zuordnung: Yin
Temperatur: Leicht kühl
Geschmack: Süß und scharf
Wirkung: Senkt Cholesterin und hohen Blutdruck, löst den Schleim; kräftigt Lungen, Magen und Milz, wirkt antikanzerogen.

Die graubraunen Pilze mit den fleischigen Hüten sind leicht zu verarbeiten: Da sie nicht in der Erde wachsen, muss man sie nicht waschen, sondern nur vom zähen Strunk schneiden und die Hüte in Streifen schneiden oder zupfen. Die Frische erkennt man am prallen Fleisch und der gleichmäßigen Färbung. Überlagerte Pilze bekommen braune Ränder und wirken schrumpelig. Der weiße Belag dagegen schadet nicht: Er bildet sich im Kühlschrank und muss vor dem Verarbeiten nur abgewischt werden.

Austernsauce

Ursprünglich war die goldbraune sämige Sauce nur für die Küche der südlichen Provinzen Chinas typisch. Heute nimmt man sie in ganz China und allen anderen Regionen, die von der Chinaküche beeinflusst sind. Grundlage der edlen Sauce sind Austern, die in vielen asiatischen Ländern vorwiegend für Speisewürze als Salzersatz gezüchtet werden: In heißen Regionen klumpt Salz, während man eine Sauce gut dosieren kann.

Zuordnung: Yin
Temperatur: Neutral in Richtung Kälte
Geschmack: Salzig
Wirkung: Regt die Bildung von Körpersäften an, kühlt den Organismus.

Austernsauce ist teurer als Sojasauce. Eine besonders feine Variante wird mit Weizenmehl, Salz und karamellisiertem Zucker hergestellt. Die Sauce nimmt man vor allem für Gemüse, Geflügel, Fleisch und Fisch. Sie hält sich im Kühlschrank einige Monate.

Avocado

Avocados stammen aus der Neuen Welt und wurden bereits vor 8000 Jahren in Mexiko und Guatemala angebaut. Der Name ist eine Ableitung des Aztekenwortes »ahuakatl«. Nach Asien gelangten sie erst Mitte des 19. Jahrhunderts durch die Europäer. Avocados sind je nach Sorte rundlich, oval oder länglich wie eine Birne, die Schale kann dünn, glatt, dick und runzelig oder rau wie Sand sein, die Farbe reicht von glänzend hellgrün bis matt dunkelgrün und fast schwarz.

Zuordnung:
Neigt zu Yin
Temperatur: Neutral in Richtung Kühle
Geschmack: Süß
Wirkung: Baut Qi auf und befeuchtet die Lungen.

Wichtig für den sahnigen, nussartigen Geschmack ist die Reife: Die Früchte werden weich wie reife Bananen, auf der Schale bilden sich schwarze Pünktchen, der Stielansatz lässt sich leicht auszupfen, und bei manchen Sorten ändert sich die Schalenfarbe. Harte Früchte lässt man zwei bis zehn Tage bei Zimmertemperatur nachreifen. Schneller geht es, wenn man sie mit Äpfeln oder Bananen in eine Papiertüte legt, denn diese Früchte geben das Reifegas Ethylen ab.

Bambus

Zuordnung: Yin
Temperatur: Kalt
Geschmack: Süß
Wirkung: Ballaststoff-
reich und deshalb
vorbeugend gegen
Verstopfung, Bluthoch-
druck und erhöhtem
Cholesterinspiegel; löst
hartnäckigen Schleim,
fördert die Harnaus-
scheidung und hilft bei
Gewichtsreduzierung.
Achtung: Bei bereits be-
stehenden Magen-
und/oder Darmproble-
men darf man Bambus-
sprossen nicht essen.

Die Pflanze ist in China heimisch und hat sich in verschiedenen Gattungen weltweit verbreitet; selbst bei uns wächst sie als Sichtschutz in vielen Gärten. Die Ausmaße in den Tropen sind gewaltig, wo die Pflanzen ganze Wälder miethaushoher Stangen bilden, die sich elegant im Wind biegen. Die Sprossen werden eigens in Gemüsekulturen gezogen und als Nebenprodukt in natürlichen oder für die industrielle Nutzung angelegten Hainen geerntet. Man sticht nur die neuen Schößlinge, die zwischen den älteren wachsen, und unterscheidet je nach Jahreszeit und Reifegrad.

Große Frühlingssprossen mit behaarten Hüllblättern sind an der Basis bis zu zehn Zentimeter dick und bis zu 30 Zentimeter lang. Zarte Sommerbambussprossen erinnern an dünne Spargel, außerhalb Chinas bekommt man sie jedoch praktisch nicht. Wintersprossen werden geerntet, wenn sie gerade zu sprießen beginnen. Frische Bambussprossen gibt es ganzjährig vor allem aus Brasilien, unregelmäßig und/oder auf Bestellung werden sie aus verschiedenen asiatischen Ländern importiert.

Banane

Zuordnung: Yin
Temperatur: Kühl
Geschmack: Süß
Wirkung: Gegen Blut-
hochdruck und Herz-
erkrankungen; baut
Körpersäfte auf, hilft
gegen Verstopfung und
befeuchtet die Lungen.

Bananen sind Kräuter und zwar die größten der Erde: mächtige Stauden, die wild bis 15 Meter, in Plantagen zwischen sechs und neun Meter hoch werden. Nur die kleinen »Dwarfs« auf den Kanaren bleiben unter zwei Meter. Ihre glatten, biegsamen Blätter sind so groß, dass man sie als Abdeckmaterial für Dächer, als Regenschutz und zum Kochen nimmt: Kunstvoll geschnitten und gefaltet dienen sie etwa als Kochgeschirr oder Hülle für Klebreis.

Die Chinesen kannten die Früchte als Delikatesse aus dem Süden vermutlich schon um die Zeitenwende und empfahlen sie als diätetisches Lebensmittel bereits im 7. Jahrhundert. Viel später waren die Europäer dran: Die ersten Bananenstauden gelangten Anfang des 16. Jahrhunderts durch die Portugiesen auf die Kanarischen Inseln, und die ersten Importe nach Deutschland liegen nur wenig mehr als 100 Jahre zurück.

Seit Jahren kommen vorwiegend große Bananen auf den Markt. Gehandelt werden sie nicht unter den Sortennamen (z. B. Cavendish, Gros Michel oder Valeria), sondern unter den Markennamen der Handelskonzerne (Bonita, Chiquita, Dole). Das hat Nachteile für uns Verbraucher: Wir können nur zwischen »reif« und »unreif« wählen, nicht aber die Sorte aussuchen. Eine gute Alternative zur kulinarischen Eintönigkeit sind die kleinen Obstbananen und andere Sorten, die Sie in Asien-, Philippinen- und Lateinamerikaläden kaufen können. Für Obsthändler wiederum gilt: Stete Nachfrage vergrößert das Angebot.

Männliche Bananenblüten isst man wie Gemüse oder als Salat.

Basilikum

Basilikum verbinden wir mit der Mittelmeerküche, mit der provenzalischen Kräutermischung und dem Pesto genovese. Dabei stammt es vermutlich aus Südindien. Jedenfalls kommt es aus einer heißen Gegend, denn nur in der Sonne entwickelt sich das Aroma nach Minze und Nelken und der leicht süße Geschmack. Von den vielen Sorten bekommt man im Supermarkt gewöhnlich nur das großblättrige Basilikum. Andere gibt es als Bundware bei Kräuterhändlern, in asiatischen, mexikanischen oder lateinamerikanischen Lebensmittelgeschäften. Oft gehen die Bezeichnungen etwas durcheinander: Grünes Tulsi für Currys wird auch als Thai-Basilikum oder »Scharfes Basilikum« angeboten. »Sweet Basilikum« ist eine milde Sorte, »Mexikanisches Gewürzbasilikum« oder »Heiliges Basilikum« – als Samen in Gartencentern erhältlich – schmeckt süß und wird für Suppen und Gemüse verwendet. Zitronenbasilikum, rotes Basilikum und besonders niedriges Basilikum, das sich gut für Blumentöpfe und Balkonkästen eignet, gibt es ebenfalls als Samen in Gartencentern.

Zuordnung: Yang Temperatur: Warm Geschmack: Scharf Wirkung: Aktiviert die Blutzirkulation, beseitigt unangenehme Kälte, beruhigt Yin und unterstützt Yang, entgiftet.

Wichtig für den Geschmack: Je kleiner die Blätter, desto aromatischer das Kraut. Und: Gegart entwickelt Basilikum noch mehr Aroma als roh. In heißem Dampf wird frisches Basilikum allerdings braun. Deshalb die Speisen nach dem Garnieren nicht mehr zugedeckt warm halten, sondern gleich servieren.

Birne

Birnen stammen aus Eurasien und gehören zum ältesten Kulturobst: Vermutlich waren Perser und Armenier die Ersten, die verschiedene Sorten zur saftig-süßen Frucht veredelten. Über Kleinasien gelangten sie zu Griechen und Römern, in China wurden Birnen als »Arznei« erstmals im 6. Jahrhundert n. Chr. erwähnt. Die Sorten unterscheiden sich zwar von den europäischen, Geschmack und diätetische Wirkung lassen sich aber vergleichen: Begehrt sind Früchte mit zartem, saftig-schmelzendem Fruchtfleisch. Als Qualitätsmangel gilt besonders körniges Fruchtfleisch, dessen Konsistenz an Rüben erinnert. Gewöhnlich ist es Zeichen unreif gepflückter Birnen. Geruch und Geschmack bei reifen und/oder fachgerecht gelagerten und qualitativ guten Sorten sind frisch und sehr aromatisch, säuerlich bis intensiv süß, die Reife erkennt man am intensiven Duft und der sortentypischen Schalenfarbe, während unreife Früchte hart sind.

Zuordnung: Yin
Temperatur: Kühl
Geschmack: Süß und leicht sauer
Wirkung: Baut Körpersäfte auf, beseitigt unangenehme Hitze und Trockenheit, löst festen Schleim.

Blumenkohl

Weißen Blumenkohl bekommt man das ganze Jahr über, doch preiswert ist er nur von März bis November. Frisch geerntet gibt es ihn im Sommer beim Gärtner und auf Wochenmärkten, während er im normalen Gemüsehandel gewöhnlich über Wochen gelagert wird. Frankreich und Italien liefern guten Blumenkohl auch im Winter: Die Pflanzen wachsen im Freiland und enthalten deshalb weniger Nitrat. Wichtiges Qualitätsmerkmal ist der Geruch: Der Kohl duftet angenehm, die Röschen sind fest, die Hüllblätter saftig. Unangenehmer Kohlgeruch bei frischen Köpfen kann auf zu viel Dünger hinweisen. Die Farbe allein sagt dagegen nichts über die Qualität aus: Elfenbeinfarbene Köpfe sind sortentypisch und/oder bilden sich bei Sonnenlicht.

Zuordnung: Neutral
Temperatur: Neutral
Geschmack: Süß und scharf
Wirkung: Baut Qi auf, stärkt Magen und Milz, fördert erwünschte Gewichtszunahme.

Bocksdornfrüchte

Bocksdorn *(Lycium chinense)* stammt aus China und Japan und wird als Zierhecke auch in Europa angepflanzt. Der Strauch wächst in dekorativen Bögen, trägt sattgrüne Blätter und trichterförmige violette Blüten, aus denen sich orange-farbene bis tiefrote Beeren bilden. Die Wurzelrinde von Bocksdorn verwendet man in China als Pflanzendroge, Früchte und Blätter gehören zur normalen Küche wie auch zur Heilküche: Man isst sie z. B. in der Suppe und als Gemüse – vor allem zu Schweinefleisch. Bocksdornbeeren bekommt man in speziellen Gewürz- und Chinaläden – manchmal auch als »rote Mispelbeeren«.

Zuordnung: Yin
Temperatur: Neutral
Geschmack: Süß
Wirkung: Stärken Yin, befeuchten die Lungen, stärken Leber und Nieren, bauen Blut auf, klären die Sicht, helfen bei Erschöpfung und Schwindel.

Brokkoli

Brokkoli ist eng mit dem Blumenkohl verwandt, gewissermaßen sein edler »Bruder«. Anders als bei diesem besteht die mittlere Brokkoliblume mit dem Blätterkranz aus einer Gruppe voll entwickelter Blütenknospen auf verzweigten, fleischigen Stielen. Deshalb muss man Brokkoli auch schneller ernten und kann ihn nicht lange lagern: gelbe, welke Blätter oder Röschen, holzige oder schlaffe Stiele zeigen zu späte Ernte und/oder Überlagerung an. Die Größe der Röschen ist typisch für die Jahreszeit: Winterbrokkoli trägt kleinere Blumen, Sommerbrokkoli bildet dicke Köpfe.

Zuordnung: Neutral
Temperatur: Neutral
Geschmack: Süß
Wirkung: Stärkt Magen und Milz, baut Qi auf, befeuchtet die Lungen.

Champignon

Champignons wachsen in Pilzfarmen auf organischem Substrat, sind frei von Schwermetallen und Strahlenbelastung. Bei der Züchtung auf Kompost aus Stroh und Pferdemist kann auch der Einsatz von Schädlingsbekämpfungsmitteln auf ein Minimum reduziert werden – Pilzkenner wissen, dass der wilde Wiesenchampignon am ergiebigsten auf Pferdeweiden wächst. Wichtig für die chinesische Ernährungstherapie ist der Pilz seit dem 14. Jahrhundert, als er zum ersten Mal in einer Drogenkunde auftauchte.

Die Pilze müssen festes Fleisch und geschlossene Hüte haben. Zum Vorbereiten werden Pilze mit dunklen Erd- oder Kompostresten einzeln und möglichst rasch in einer Schüssel mit kaltem Wasser gewaschen und gleich weiterverarbeitet. Pilze mit ein paar hellen Substratkrümeln brauchen Sie nur mit einem feuchten Tuch abzureiben.

Zuordnung: Yin
Temperatur: Kühl
Geschmack: Süß
Wirkung: Senkt das Cholesterin, wirkt antikanzerogen.

Chilischote

Die Schoten stammen vermutlich aus Mexiko und gehören zur selben Familie wie Kartoffeln und Tomaten. Durch Auslese und Kreuzung gibt es sie in unterschiedlichen Größen, Formen und Farben: Sie können zwischen 2 und 15 Zentimeter lang, kegelförmig, rund oder lang, weiß, rot, grün, gelb oder orange sein. Im Laufe von etwa 400 Jahren haben sich die scharfen Schoten über die ganze Erde verbreitet und in vielen Küchen etabliert; heute zählen sie zu den am häufigsten verwendeten Gewürzen. In der chinesischen Heilküche tauchen die Schoten erst zu Beginn des 19. Jahrhunderts auf, obwohl man sie vermutlich bereits im 16. Jahrhundert durch die Portugiesen kennen gelernt hatte.

**Zuordnung: Yang
Temperatur: Heiß
Geschmack: Scharf
Wirkung: Vertreibt unangenehme Feuchtigkeit und hilft deshalb an schwülen Sommertagen.**

Die langen, schlanken und milderen Schoten werden oft als Peperoni, die scharfen kleinen, rundlichen oder spitzen als Chilis bezeichnet. Manchmal heißen auch nur die europäischen Capsicum-Gewächse Peperoni, die außereuropäischen dagegen Chilis. Ein Lebensmittellexikon ordnet nur den grünen Gewürzpaprika den Peperoni zu – etwa die langen, scharfen grünen Schoten aus der Türkei, die Sie frisch bekommen, oder die schlanken grünen Schoten aus Italien, die es vorwiegend sauer eingelegt gibt.

Kurz gebraten – etwa im Wok – würzen Chilis relativ mild, wenn man sie vor dem Servieren entfernt. Sehr scharf schmecken die Schoten, wenn man sie mit Scheidewänden und Samenkernen lange gart.

Ihre Schärfe sieht man den Chilischoten nicht an, und sowohl rote als auch grüne Schoten können viel zu scharf für den europäischen Geschmack sein. Doch die Schärfe lässt sich dosieren: Chiliflocken sind für den Anfang am besten, weil man sie verwenden kann wie Salz und Pfeffer. Für eine milde Schärfe entfernen Sie bei frischen Schoten alle weißen Trennwände und Samenkerne, getrocknete Schoten werden aufgebrochen und die Samen herausgebröselt.

Chiliwürze

Getrocknete oder frische Chilischoten sind in vielen Ländern die Basis von flüssigen und festen Würzmischungen; die bekanntesten sind Sambal oelek und das berühmte

Currypulver (siehe Seite 108). Chiliöl aus der ostasiatischen oder lateinamerikanischen Küche darf man nur tropfenweise verwenden, indem man das fertige Gericht damit beträufelt. Zum Selbermachen des Öls röstet man die getrockneten, gehackten Schoten – je nach gewünschter Schärfe mit oder ohne Kerne – in gutem Oliven-, Erdnuss- oder Sesamöl bei schwacher Hitze an, bis sie leicht gebräunt sind. Je länger die Schoten dann noch im Öl ziehen, desto schärfer schmeckt es.

Chilisauce, eine ebenfalls brennend scharfe Sauce aus Chilis, Tomatenmark, Ingwer, Zwiebeln, Zimt, Essig, Salz und Zucker, gehört zur Küche Westchinas. Sie würzt die Marinaden für kurz gebratenes Fleisch aus Grill und Pfanne, gibt Gemüse aus dem Wok angenehme Schärfe und kann sogar eine Salatsauce aufpeppen.

Chinakohl

Er ist wahrscheinlich eine Kreuzung aus Paksoi und Speiserübe, soll aus der Provinz Kanton stammen und gehört seit der Tang-Zeit (618–979 n. Chr.) zu den wichtigsten chinesischen Gemüsepflanzen für Herbst, Winter und Frühling. In China unterscheidet man zwischen der gelblich weißen Form, dem »großen Chinakohl«, und dem grünen »kleinen Chinakohl«, die es beide auch bei uns gibt.

Ovale, feste Köpfe sind ideal für das Garen im Wok, während sich längliche, lockere Köpfe mit schmalen grünen Blättern am besten für Salat eignen. Aus heimischem Freiland – Chinakohl wird vor allem in Bayern kultiviert – gibt es ihn von Anfang August bis Ende November, als Importe das ganze Jahr über.

Gute Qualität erkennt man an den Blättern, die je nach Sorte außen gelb- bis dunkelgrün, innen gelb bis goldgelb sind. Sie sollten bis zu den Spitzen hin saftig mit zarten, fleischigen Blattrippen sein. Schwarze Schlieren am Ansatz der Blattrippen können auf eine zu lange Lagerung bei zu hoher Temperatur hinweisen.

Vermutlich die ersten scharfen Pasten bei uns waren die indonesischen Sambals: Sambal oelek steht seit mehr als 20 Jahren auf den Tischen der Chinarestaurants und in vielen Supermärkten. Es enthält außer roten Chilis auch braunen Zucker und Salz.

Zuordnung: Neutral Temperatur: Neutral in Richtung Kühle Geschmack: Süß Wirkung: Fördert das Wachstum bei Kindern, baut Körpersäfte auf, unterstützt die Harnausscheidung, hilft gegen trockenen Husten und bei Verstopfung.

Chinesische Dattel (Jujube)

Zuordnung: Neutral
Temperatur: Neutral
Geschmack: Süß
Wirkung: Stärkt Milz
und Magen, baut Kör-
persäfte auf, unter-
stützt die Blutbildung,
entgiftet.

Die etwa pflaumengroßen, grün und braun gesprenkelten rotbraunen Früchte wachsen an bis zu 20 Meter hohen Bäumen. In China wird die Jujube seit mindestens 4000 Jahren kultiviert, seit langem auch im Süden und Südosten Europas: Importe kommen von August bis Oktober aus Frankreich und Italien. Die westeuropäischen Sorten unterscheiden sich allerdings von der chinesischen Urform: Die grünen olivenförmigen Früchte werden nur etwa drei Zentimeter groß, schmecken sehr süß bis süßsäuerlich, etwas nach Datteln und sind getrocknet aromatischer als frisch.

Currypulver

Zuordnung, Tempera-
tur, Geschmack und
Wirkung sind abhängig
von der Zusammenset-
zung des Pulvers –
meist werden die Pul-
ver so eingeordnet:
Temperatur: Warm
Geschmack: Scharf
Wirkung: Trocknet
Feuchtigkeit im Körper.

Ursprünglich ist Curry eine Gewürzmischung, die in Indien »erfunden« wurde und zu den Chinagerichten mit indischem Einfluss gehört. Das Würzpulver verdanken wir den Engländern, die das indische Original »Masala« international berühmt gemacht und industriell vorgefertigt haben: Kolonialbeamte lernten die indischen Gewürze kennen und schätzen, die sich allerdings nicht ins kühle England mitnehmen ließen. So kam ein findiger Mensch auf die Idee, das südindische »Kari« in ein fertig gemixtes Pulver zu verwandeln – immer streufähig und leicht zu dosieren. Heute ist Curry auf den europäischen Geschmack abgestimmt und kann bis zu 15 verschiedene Gewürze enthalten. Meist besteht es aus Koriander, Kreuzkümmel, Piment, Paprika, Ingwer, Pfeffer, Kardamom, Nelken, Bockshornkleesamen, Muskatblüte, Zimt und Cayennepfeffer. Gelbes Kurkuma für die schöne Farbe ist immer dabei, weißer Mohn zum Andicken kann dazugehören.

Duftpilze
siehe Tonggupilze
(Seite 136).

Currypulver röstet man bei schwacher Hitze in Butter, Butterschmalz oder Öl im Wok etwa fünf Minuten an – entweder solo oder mit den anderen Zutaten –, bevor man die Flüssigkeit zugießt. Bei Currypulver können Sie zwei Variationen wählen – benannt nach den indischen Regionen, die durch ihr »Kari« berühmt geworden sind: scharfer oder mild-aromatischer »Madras-Curry« und würzig-scharfer »Bombay-Curry«.

Eier

Eier gehören einerseits zu den vitaminreichsten Lebensmitteln mit besonders hochwertigem Eiweiß, enthalten andererseits aber auch reichlich Cholesterin – der bekannte Risikofaktor für Herz und Kreislauf. Deshalb sollte man nicht täglich Eier oder Eiergerichte essen.

Eier werden aus Freilandhaltung und intensiver Auslaufhaltung, Boden-, Volieren- und Käfighaltung angeboten. Artgerecht ist nur Freilandhaltung, bei der die Hühner uneingeschränkt Zugang zu einem Auslauf im Freien haben, der zum größten Teil bewachsen ist und pro Huhn mindestens zehn Quadratmeter umfasst. Die Tiere können picken, scharren, im Sand baden und ihrem natürlichen Bewegungsdrang nachgeben. Im Stall für die Nacht muss mindestens ein Drittel der Fläche mit Stroh, Holzspänen, Sand oder Torf bedeckt sein, außerdem müssen Nester für die Eiablage vorhanden sein. Intensive Auslaufhaltung entspricht fast der Freilandhaltung, hier leben die Hühner allerdings viel dichter gedrängt: Jedem Tier stehen nur zweieinhalb Quadratmeter zur Verfügung.

Inzwischen sind Eier aus Freilandhaltung in den meisten Supermärkten, Naturkostläden, Reformhäusern, vielen Käseläden und auf Wochenmärkten erhältlich.

Endiviensalat

Endiviensalat ist nur entfernt mit dem milden Kopfsalat verwandt. Er gehört wie Chicorée zur großen Gruppe der Zichoriengewächse, ist vor allem wegen seiner gesunden Bitterstoffe wichtig und zählte schon im Altertum zum Wintergemüse: Bereits die Römer wussten, dass er die kühle Jahreszeit besser verträgt als der damals ebenso beliebte Lattich, Stammvater unseres Kopfsalats.

In Italien und Südfrankreich zieht man Endiviensalat das ganze Jahr über im Freiland, so dass sein Nitratgehalt weit geringer ist als beim winterlichen Treibhaussalat aus dem Norden.

**Zuordnung: Neutral
Temperatur: Neutral
Geschmack: Süß
Wirkung: Eiklar kräftigt
Lunge und Hals, Eigelb
stärkt das Blut; gut für
das Wachstum bei
Kindern.**

**Bodenhaltung gilt nicht
als artgerecht, denn die
Hühner dürfen nicht ins
Freie: Sie leben in
großen, manchmal riesigen Gebäuden, meist
in drangvoller Enge.
Und über Käfighaltung
braucht man gar nicht
mehr zu diskutieren.**

**Zuordnung: Yin
Temperatur: Kühl
Geschmack: Bitter
Wirkung: Erfrischend,
lenkt die Energie nach
unten, stärkt die Entgiftungsfunktionen
der Leber.**

Ente

In der Beliebtheitsskala kommt die Ente in China gleich nach Schweinefleisch und Huhn (siehe Seite 130 und Seite 115), diätetisch verwendet man sie seit dem 2. Jahrhundert. Bei uns werden drei Arten angeboten: Die weiße Peking-Ente, einfach »Ente« genannt, ist mit unserer heimischen Wildente verwandt. In China bereitet man sie vor allem gebraten zu – das berühmteste Gericht der höfischen Küche ist »Peking-Ente«, bei der die besonders präparierte, knusprig gebratene Haut zusammen mit kleinen Pfannkuchen, Frühlingszwiebelgrün und einer feinen Sauce serviert wird. Die Barbarie- oder Flugente mit dunklem Fleisch stammt von der südamerikanischen Moschusente. Die Mulard-Ente ist eine Kreuzung aus der (Peking-)Ente und Barbarie-Ente und etwa so schwer wie die Barbarie-Ente. In China kennt man außerdem noch die bunte Nanking-Ente, die meist eingesalzen und/oder luftgetrocknet gegessen wird.

Enten unterteilt man je nach Alter und Gewicht in Frühmastenten und Jungenten von 1,5 bis 2 Kilogramm, Enten von 1,8 bis 2,5 Kilogramm, junge Barbarie- oder Flugenten von ca. 1,6 Kilogramm, Barbarie- oder Flugenten von 1,9 bis 2 Kilogramm sowie Wildenten von etwa 600 Gramm.

Erbse

Als nahrhafte Hülsenfrüchte, die man frisch essen oder trocknen kann, gehören Erbsen zu den ältesten Kulturpflanzen. Wilderbsen wurden bereits vor knapp 10.000 Jahren gegessen, und vielleicht hat man sie damals nicht nur gesammelt, sondern auch schon angebaut: Die Erbsen, die Archäologen in vielen Regionen gefunden haben, stammen immerhin aus Ackerbaukulturen.

Frisch auf den Markt kommen Schalerbsen, auch Pal- oder Auskernerbsen genannt. Die dicken Schoten mit den glatten, grünen Körnern gibt es von Anfang März bis Ende Oktober; preiswert sind sie von Anfang Mai bis Ende August. Edelgemüse in der chinesischen und westlichen Küche sind Zuckererbsen, Mangetout oder Kaiserschote: Sie unterscheiden sich von anderen Erbsensorten durch ihren höheren Zuckergehalt und die essbaren zarten Hülsen.

Erdbeere

Erdbeeren wachsen heute weltweit, von subtropischen bis zu arktischen Klimazonen. Für den Norden Eurasiens zählten sie wie alle anderen Beeren immer zu den besonders wichtigen Obstarten, während sie im überwiegenden Teil Chinas kaum eine Rolle spielten. Erst durch die Einbürgerung der »westlichen« Gartenerdbeere hat sich das geändert. Diese entstand übrigens nicht aus der wilden Walderdbeere, sondern aus einer Kreuzung von zwei Arten der Neuen Welt: der kleinen Virginischen Erdbeere *(Fragaria virginiana)*, im mittleren Teil Nordamerikas heimisch und seit 1624 in Frankreich als Obstpflanze angebaut, und der Chile-Erdbeere *(Fragaria chiloensis)* mit großen Früchten, die an der gesamten Pazifikküste von den Aleuten im Norden bis Patagonien im Süden heimisch ist und um 1714 in Frankreich und England eingeführt wurde. Zwischen 1715 und 1760 entwickelte sich daraus die Erdbeere, die heute in mindestens 1000 Sorten verbreitet ist.

Erdbeeren bekommen wir inzwischen das ganze Jahr über aus dem Freiland oder aus dem Anbau unter Folie oder Glas. Einheimische Erdbeeren gibt es von Mitte Mai bis Ende Juli. Nehmen Sie nur gleichmäßig rote Beeren, denn Erdbeeren mit grünweißen Spitzen sind unreif gepflückt und nicht besonders aromatisch.

Erdnuss

Erdnüsse gehören wie Bohnen und Erbsen zur Familie der Leguminosen, also der Hülsenfrüchte. In China kauft man sie nicht nur geröstet wie bei uns, sondern roh. So kann man sie aber nicht essen: Die Nüsse werden gebraten, geröstet oder gekocht. Nach China kamen sie vermutlich im 16. Jahrhundert, als Heilmittel werden sie wahrscheinlich erst seit Anfang des 18. Jahrhunderts eingesetzt. In den USA werden sie seit dem Ende des 19. Jahrhunderts in großem Umfang angebaut.

Zuordnung: Yin
Temperatur: Warm
Geschmack: Süß und sauer
Wirkung: Erfrischt durch die verschiedenen Fruchtsäuren, regt den Speichelfluss an, unterstützt die Bildung von Magensäure, fördert die Bildung von Blut und anderen Körpersäften, regt den Appetit an, hilft gegen Verstopfung.

Zuordnung: Yin
Temperatur: Neutral
Geschmack: Süß
Wirkung: Befeuchtet die Lungen, stärkt Milz, Magen und Blut, senkt das Cholesterin und beruhigt die Nerven, hilft gegen Verstopfung. Reich an Kalzium und Eisen und deshalb wichtig bei vegetarischer Ernährung.

Erdnussöl

Zuordnung: Neutral
Temperatur: Neutral
Geschmack: Süß
Wirkung: Kuriert Ver-
stopfung, trockenen
Husten.

Gegen die in der Randspalte genannten Beschwerden emp-fehlen TC-Mediziner 2 Teelöffel Erdnussöl in 150 Millilitern abgekochtem Wasser gemischt 30 Minuten vor dem Früh-stück zu trinken und diese Behandlung 7 Tage lang fortzu-setzen. Außerdem sollte man Erdnussöl oft beim Kochen verwenden.

Essig

Zuordnung: Yang
Temperatur: Warm
Geschmack: Sauer und
bitter
Wirkung: Fördert über
die Säurebildung im
Magen die Verdauung,
unterstützt den Stoff-
wechsel.

Bei Erkältung und Grippe empfehlen TC-Mediziner, etwa 1 Stunde Essigdampf einzuatmen: 5 Esslöffel Essig zusam-men mit 15 Esslöffeln Wasser kochen, bis die Flüssigkeit ver-dampft ist. Inhalieren ist nicht notwendig, da die Dampfent-wicklung im geschlossenen Raum genügt.

Frühlingszwiebel (Lauchzwiebel)

Zuordnung: Yang
Temperatur: Warm
Geschmack: Scharf
Wirkung: Baut Qi auf,
fördert Blutaufbau und
-zirkulation, schenkt
angenehme Wärme,
senkt das Cholesterin,
reinigt den Darm und
andere innere Organe,
hilft gegen Erkältung
und Schlafstörungen,
wirkt schmerzstillend.

Frühlingszwiebeln sind junge Zwiebeln unterschiedlicher Sorten, die mit dem Grün verkauft werden. Wie »normale« Zwiebeln kennt man sie bereits seit Jahrtausenden als Kul-turpflanzen, und in China gehören sie zu den wichtigsten Gewürz- und Gemüsepflanzen. Am wertvollsten sind die Frühlingszwiebeln, die zu Frühlings- und Herbstanfang ge-erntet werden. Nach chinesischer Vorstellung verbinden sie den Menschen mit der Erde und dem Himmel und schen-ken ihm so Energie. Davon sollte man also möglichst viel es-sen, während Frühlingszwiebeln, die zu anderen Jahreszei-ten wachsen, seltener auf den Speisezettel gehören, vor allem, wenn man unter Bluthochdruck, Nervosität und schwachen Nieren leidet.

Ob Sie eine Sorte mit flachrunden, bis vier Zentimeter großen weißen Knollen oder mit dünnen Stangen wie Lauch wählen, spielt keine Rolle. Wichtig ist die Frische: In der chi-nesischen Heilküche nimmt man die weißen Teile und alle saftigen hell- bis dunkelgrünen Blätter. Entfernt werden nur die Wurzelansätze und welke Blätter und Blattspitzen. Ver-färbte oder schleimige Stangen mit stark geöffnetem, schlaf-fem oder gelblichem Zwiebelgrün sind überlagert und schmecken nicht mehr.

Glasnudel

Die Nudeln bestehen aus Wasser und Pflanzenstärke; bei den dünnen Nudeln, die durch Einweichen transparent werden, ist es Stärke aus Mungobohnen (siehe Seite 123). Als Zugabe zu gekochten Gerichten braucht man die Nudeln vorher nicht einzuweichen. Verwendet man sie für Salat, legt man sie kurz in kochend heißes Wasser.

Zuordnung: Yin
Temperatur: Kühl
Geschmack: Süß
Wirkung: Beruhigt die Nerven, hilft gegen Müdigkeit, senkt Bluthochdruck und Cholesterin, stärkt die Leber und fördert die Harnausscheidung.

Grüne Bohne

Gemüse- oder Gartenbohnen isst man, bevor die Samen reifen, denn dann sind die Schoten noch zart und fleischig. Die Urform der Gartenbohne stammt aus Süd- und Mittelamerika und wurde im Laufe der Jahrhunderte in vielen Sorten weltweit verbreitet. In China und Europa verdrängte sie die Dicke Bohne, bei der man nur die kräftigen Samen, nicht aber die harten Schoten essen kann.

Gemüsebohnen gibt es das ganze Jahr über; preiswert sind sie von Mai bis September – vor allem zur einheimischen Haupternte im August. Gute Qualität zu vernünftigen Preisen bekommt man im Winter auch in türkischen Läden.

Zuordnung: Yin
Temperatur: Kühl
Geschmack: Süß
Wirkung: Beruhigt die Nerven, vertreibt die Müdigkeit, fördert die Harnausscheidung.

Gurke

Zur Heimat der Gurke gibt es verschiedene Theorien: Wilde Vorläufer der kultivierten Pflanze stammen aus Nordindien, die ältesten archäologischen Funde aber aus Vorderasien. In China kennt man das kühle Gemüse vermutlich seit der Zeitenwende, als diätetisches Lebensmittel taucht es im 7. Jahrhundert auf. Schriftliche Aufzeichnungen im Westen stammen von den Griechen und Römern der Antike.

Die Früchte der Gurke sind fleischige Beeren, die während der so genannten Grünreife geerntet werden müssen; danach verfärben sie sich, die Kerne werden hart, das Fruchtfleisch wird wässrig. Deshalb enthalten sehr große oder keulenförmig aufgetriebene Gurken große Samen und produzieren viel Abfall, schmecken gelbe Gurken fade. Sehr frische, unbehandelte Gurken müssen nicht geschält, sondern nur gründlich gewaschen werden.

Zuordnung: Yin
Temperatur: Kühl
Geschmack: Süß
Wirkung: Senkt unangenehme Hitze, baut Körpersäfte und Qi auf, fördert die Harnausscheidung.

Hafer

Zuordnung: Neutral
Temperatur: Neutral
Geschmack: Süß
Wirkung: Kräftigt Muskeln, Sehnen und Nerven, beseitigt Feuchtigkeit, stärkt Herz und Mitte.

Hafer zählt zu den gesündesten Getreidearten, historisch gehört er zu den jüngsten, botanisch zu den interessantesten: Die vielfach verzweigte Rispe ist einzigartig unter den Getreiden und erinnert an Zittergras, auch die unterschiedliche Größe der Körner gibt es in diesem Ausmaß bei anderen Getreidearten nicht. In China wird er als Heilmittel zum ersten Mal im 7. Jahrhundert erwähnt. Hafer hat z. B. einen positiven Einfluss auf den Cholesterinspiegel. Haferflocken bestehen aus den gequetschten Körnern: Aus besonders großen werden kernige Flocken, die kleineren schneidet man zu Grütze und presst sie dann ebenfalls zu zarten Flocken. Aus Hafervollkornmehl werden Schmelzflocken gepresst.

Hirse

Zuordnung: Yin
Temperatur: Kühl
Geschmack: Süß
und salzig
Wirkung: Kräftigt die
Mitte und die Nieren,
beseitigt unangenehme
Hitze, Unruhe und
Durst. Fördert die
Harnausscheidung und
entgiftet.

Während man in Nord- und Westeuropa traditionell Perl- und Rispenhirse *(Pennistum americanum* und *Panicum miliaceum)* bevorzugt, ist die Kolbenhirse *(Setaria italica),* auch Italienische Hirse oder Vogelhirse genannt, typisch für China, Indien, Japan und die Mittelmeerländer. Die robuste Perlhirse kommt vor allem aus Afrika und Indien. Die Farbe ihrer Körner variiert von weiß über gelb bis rötlich und fast schwarz. Sorghum-Hirse *(Sorghum bicolor)* stammt aus Afrika rund um den Äquator, ist die formenreichste Gattung und am vielseitigsten nutzbar – als Getreide, für Bier und Sirup. Sie wird vor allem in Mexiko, Afrika, Indien, China und den USA angebaut.

Honig

Zuordnung: Neutral
Temperatur: Neutral
Geschmack: Süß
Wirkung: Stärkt den
Magen und die Milz,
befeuchtet Lungen und
Darm, senkt hohen
Blutdruck, hilft bei Verstopfung, stabilisiert
das Immunsystem.

Honig gehört zu den wichtigsten Süßmitteln, die der Mensch verwendet, jedoch keineswegs zu den ersten: Die Gewinnung von Süßem aus Zuckerrohr lässt sich auf etwa 6000 v. Chr. datieren, die aus der Zuckerpalme ist vermutlich noch älter. In Europa begann die Bienenzucht um etwa 2400 v. Chr., in China etwa um die Zeitenwende. Während damals noch eine andere Bienensorte »auf Tour« flog, ist es heute genau wie im Westen die Europäische Honigbiene. Ernährungstherapeutisch wird Honig seit etwa 1800 Jahren empfohlen.

Honigmelone

Die Heimat der Melonen kennt man nicht genau, manche Botaniker nehmen Indien an. Die Chinesen kannten sie bereits im Altertum, und im alten Ägypten hatte man ein eigenes Wort für die süßen Früchte, während weder Griechen noch Römer sprachlich zwischen Gurken und Melonen unterschieden. Heute werden Melonen weltweit in den Tropen und Subtropen angebaut – fast überall unter Glas oder Folie und im Freiland. Die wichtigsten Produzenten sind China, die Türkei und andere Mittelmeerländer.

Obwohl wir sie das ganze Jahr über kaufen können, gehören Melonen einfach zum Sommer: Dann duften die Früchte intensiv, der Stiel ist schrumpelig und rissig, die Seite gegenüber, wo die Blüte saß, lässt sich leicht eindrücken. Reif sind sie leicht oder intensiv süß, fruchtig, mit typischem Melonenaroma. Im Winter bekommt man dagegen oft harte unreife Melonen, die nur nach Gurke schmecken.

Zuordnung: Yin
Temperatur: Kalt
Geschmack: Süß
Wirkung: Beseitigt unangenehme Hitze und Unruhe, stillt den Durst, fördert die Harnausscheidung und entgiftet.

Huhn/Hähnchen

Huhn ist nach dem Schwein das wichtigste Fleisch in China und wird als diätetisches Lebensmittel schon seit etwa 2000 Jahren empfohlen. Die Qualität von Hühnerfleisch ist in China sehr gut, denn aufgrund der hohen kulinarischen Ansprüche hält man die Tiere nahezu artgerecht. Auch bei uns gibt es immer mehr Landwirte, Metzgereien und Naturkostläden, die Hühner aus Freilandhaltung anbieten.

Für die Rezepte dieses Buches brauchen Sie Hähnchen und Suppenhuhn; diese Einteilung bezieht sich auch im Handel nur auf das Alter der Tiere, nicht auf das Geschlecht:
• Hähnchen mit biegsamem Brustfortsatz werden vor der Geschlechtsreife geschlachtet, wiegen 1,1 bis 3 Kilogramm und eignen sich zum Braten, Schmoren, Grillen und auch Kochen.
• Suppenhühner mit hartem Brustfortsatz wiegen etwa 1 Kilogramm, werden nach der Geschlechtsreife mit zwei Jahren geschlachtet und für Brühe, Frikassee und Ragout verwendet.

Zuordnung: Yang
Temperatur: Erwärmend
Geschmack: Süß
Wirkung: Wärmt die Mitte und baut Qi auf.

Ingwer

Wer im Winter regelmäßig Ingwer isst, braucht sich vor Erkältung nicht zu fürchten, heißt es in China. Ingwer gehört zu den ältesten Gewürzen, die Menschen verwenden: Seit etwa 4000 Jahren baut man ihn an – zuerst in seiner Heimat Südostasien, später in Indien und Ostafrika. Heute wächst er vom tropischen Asien bis nach Nordaustralien.

Junger Ingwer ist fruchtig, zart und saftig, älterer scharf und grobfaserig. Frischer Ingwer schmeckt milder und ist gesünder als getrocknete Stücke oder Ingwerpulver und ist beim Gemüsehändler, in Asienläden, Feinkostläden und manchen Supermärkten erhältlich. Die Knollen müssen gleichmäßig weißlich oder gelbbraun und prall sein. Das Alter der Knolle erkennen Sie nur beim Aufschneiden: je älter, desto faseriger das Fleisch. Zum Aufbewahren wickelt man frischen Ingwer zuerst in Küchenpapier, dann fest in Folie und legt ihn ins Gemüsefach des Kühlschranks.

**Zuordnung: Yang
Temperatur: Warm
Geschmack: Scharf
Wirkung: Hilft beim
Schwitzen, vertreibt
unangenehme Kälte
aus dem Körper, wärmt
den Magen und hilft gegen Übelkeit und
Durchfall, wärmt die
Lungen, stillt den Husten, entgiftet.**

Kartoffel

Kartoffeln tauchen als Pflanze aus der Neuen Welt erst im 19. Jahrhundert in der botanischen Literatur Chinas auf. Angebaut wurden sie aber vermutlich schon im 17. Jahrhundert auf Taiwan. Kartoffeln gehören weltweit zu den wichtigsten Lebensmitteln. Doch während sie im Norden und Westen vorwiegend als Grundnahrungsmittel und Beilage gegessen werden, bereitet man sie im Osten und Süden als Gemüse zu. Das gilt auch für China – im Norden und Nordwesten des Landes sind die Knollen typische Wintergemüse. Speisestärke aus Kartoffelmehl verwendet man zum Binden von Wokgerichten. Unsere Unterscheidung von mehligen Kartoffeln für Püree und Kartoffelteig oder vorwiegend fest kochenden bzw. fest kochenden Knollen für Salat kennt man in China nicht. Gefragt sind vorwiegend fest kochende Sorten. Bei uns sind das alle Frühkartoffeln, die ab April auf den Markt kommen – die Sorten davor schmecken noch nicht –, außerdem eine Reihe von Sommersorten wie »Granola«, »Rikea« oder »Agria«.

**Zuordnung: Neutral,
neigt zu Yang
Temperatur: Neutral
Geschmack: Süß
Wirkung: Entzündungshemmend, stärkt Milz,
Magen und Nieren,
baut Qi auf, hilft bei
chronischen Magenschmerzen, Magengeschwüren und Verstopfung.**

Kirsche

Kirschen wachsen in den gemäßigten Klimazonen und in den höheren Lagen der Subtropen. Die chinesischen Kirschen unterscheiden sich von den europäischen in der Spezies, nicht aber in Geschmack und Verwendung. Es gibt saure und süße Kirschen, die man frisch isst, einkocht, trocknet oder in Honig oder Essig konserviert. Reife Kirschen erkennt man an den grünlichen Stielen. Helle Kirschen sind nicht unreif, sondern eine bestimmte Sorte.

**Zuordnung: Neutral, neigt zu Yang
Temperatur: Warm
Geschmack: Süß
Wirkung: Stärkt Qi und Blut.**

Klebreis

Klebreis ist ein Mittelkornreis mit hohem Stärkegehalt, den man besonders in China, Japan und Thailand zu Gerichten mit viel Sauce schätzt und der ideal für Stäbchen ist, weil die Körner aneinander haften bleiben. Außerdem gibt es Klebreis auch dort, wo man traditionell die Finger zum Essen benutzt: Der Reis wird zu kleinen Kugeln gedreht, um damit Fleisch, Gemüse, Fisch und Sauce aufzunehmen.

**Zuordnung: Yang
Temperatur: Warm
Geschmack: Süß
Wirkung: Wärmt die Mitte, stärkt Qi und Lunge.
Klebreis darf man nicht essen, wenn man zu Verstopfung neigt.**

Knoblauch

Wichtig ist vor allem die Frische: Am besten schmecken Knollen mit saftigen grünen Stielen, die im Frühjahr angeboten werden. Man bewahrt sie vorzugsweise im Zwiebelkorb auf (sie vertragen keine Kälte) und verbraucht sie innerhalb von zwei Wochen. Getrockneten, aber dennoch prallen Knoblauch gibt es bei guten Gemüsehändlern und in ausländischen Lebensmittelläden. Die Knollen halten sich an einem kühlen, trockenen und dunklen Platz einige Monate. Graue, gelbe oder angetrocknete Zehen sind ohne Aroma, Zehen mit grünen Trieben zu penetrant.

**Zuordnung: Yang
Temperatur: Warm
Geschmack: Scharf
Wirkung: Antibakteriell, senkt den Blutdruck, wärmt die Mitte, kräftigt den Magen, beseitigt unangenehme Feuchtigkeit und Schwellungen, stillt den Husten, entgiftet.**

Kokosmilch

Die dicke »Milch« gehört zur südostasiatischen Küche und wird aus dem zerkleinerten, gepressten, mit Wasser vermischten Fleisch der Kokosnuss gewonnen; sie ist nicht zu verwechseln mit der durchsichtigen Flüssigkeit im Innern der Nuss (siehe Seite 118). Gesüßte und ungesüßte Kokosmilch in Dosen gibt es in Asienläden und in den meisten Supermärkten.

**Zuordnung: Neutral
Temperatur: Neutral
Geschmack: Süß
Wirkung: Kräftigt das Herz, senkt unangenehme Hitze.**

Kokosnuss/King-Coconut

Die genaue Heimat der Palmen kennt man nicht. Vielleicht stammen sie aus Melanesie in der Südsee, vielleicht aus der Neuen Welt: Sicher ist, dass die ersten Europäer in Amerika Kokospalmen nur an der Pazifik-, nicht an der Atlantikküste fanden. Sicher ist auch, dass die Pflanzen sich durch selbstständiges »Inselhüpfen« verbreiten: Kokosnüsse können Tausende von Kilometern schwimmen und behalten dabei ihre Keimfähigkeit etwa drei Monate. In chinesischen Quellen tauchte die Kokosnuss noch vor der Zeitenwende auf, ernährungstherapeutisch genutzt wurde sie aber offenbar erst 1000 Jahre später.

Zuordnung: Neutral
Temperatur: Neutral
Geschmack: Süß
Wirkung: Stärkt Milz, Magen und Herz, liefert Kalium.

Achten Sie beim Einkauf darauf, dass die Kokosnüsse beim Schütteln deutlich gluckern. Denn nur frisch enthalten sie viel milchige Flüssigkeit, die bei längerem Lagern durch die poröse Schale verdunstet. Außerdem sollten die Keimporen (»Augen«) durch die braunen Bastfasern geschützt sein.
Für Hähnchen in der Kokosnuss (siehe Seite 62) eignet sich am besten die etwa ein Kilogramm schwere King-Coconut, geformt wie eine Kokosnuss, aber ohne Fasern und Keimporen mit glatter, gelber Schale und weißem, millimeterdünnem Fruchtfleisch; es wird nicht gegessen, macht das Fleisch aber wunderbar aromatisch. Die Nüsse gibt es bei Fachhändlern für exotisches Obst und in Asienläden.

Koriander

Zuordnung: Yang
Temperatur: Warm
Geschmack: Scharf
Wirkung: Fördert die Blutzirkulation und Harnausscheidung, senkt unangenehme Hitze.

Bis heute ist Koriander der Kosmopolit unter den Kräutern geblieben: Blätter und Körner, oft auch die Wurzeln sind notwendige Ingredienzen der afrikanischen und östlichen Mittelmeerküche, Asiens und Lateinamerikas. Bis gegen Ende des letzten Jahrhunderts war Koriandergrün auch in Mittel- und Westeuropa ein normales Küchenkraut, kehrte aber erst vor einigen Jahren mit mexikanischen, vietnamesischen und thailändischen Köchen wieder zurück.
Nur wenn die frischen Blätter mit einem scharfen Messer oder der Küchenschere sauber geschnitten werden, riecht

und schmeckt das Kraut wunderbar würzig. In der Kräutermühle zerkleinert oder gehackt riecht es dagegen unangenehm und macht seinem Spitznamen »Wanzenkraut« alle Ehre. Die Wurzeln schmecken noch etwas intensiver als das Kraut: Sie werden nur gründlich gewaschen, aber nicht geschält, und dann fein zerkleinert. Korianderkraut bekommen Sie in mexikanischen Läden, das Grün mit den Wurzeln in asiatischen oder philippinischen Geschäften.

Kürbis

Die Vielfalt der Sorten ist selbst für Fachleute verwirrend. Man unterteilt deshalb grob in hartschalige Winterkürbisse wie Riesenkürbis oder Rondini und Sommerkürbisse wie Zucchini mit weicher, essbarer Schale. Außerdem gibt es Arten, die in der Alten Welt heimisch sind – Wachs- und Flaschenkürbis etwa gehören seit Jahrhunderten zur China-Küche. Andere wie der Riesenkürbis mit einem Gewicht von bis zu 100 Kilogramm sind ein Gemüse der Neuen Welt: In Mexiko und Peru züchtete man schon vor mehr als 5000 Jahren aus der unangenehm bitteren Wildform die feine, milde Kulturpflanze, die Spanier und Portugiesen dann in Asien und Afrika verbreiteten. Heute sind Moschus- und Riesenkürbis ebenso Traditionsgemüse in China wie die ursprünglich heimischen Arten. Inzwischen wachsen alle Arten in den gemäßigten und warmen Zonen beider Hemisphären.

Zuordnung: Neutral
Temperatur: Erwärmend
Geschmack: Süß
Wirkung: Entzündungshemmend, entgiftet, stärkt Milz und Magen, baut Qi auf.

Das beste Angebot finden Sie von September bis Ende Januar auf Wochenmärkten direkt vom Erzeuger, in türkischen Supermärkten und Bioläden: verschiedene Sorten, die man im Ganzen oder in Teilstücken kaufen kann. Bei ganzen Kürbissen muss man auf den Stiel achten: Er sollte hart wie Holz, intakt und einige Zentimeter lang sein, denn Kürbisse mit weichem oder verletztem Stielansatz verderben rasch.

Lamm

Lamm gehört traditionell zur Küche der nordwestlichen und nördlichen Provinzen Chinas, denn dort leben überwiegend Moslems. In der Ernährungstherapie taucht das Fleisch von Lamm und Ziege erstmals im 2. Jahrhundert auf.

Zuordnung: Yang
Temperatur: Warm
Geschmack: Süß
Wirkung: Wärmt die Mitte, stärkt die Nieren.

Sehr gutes Lammfleisch bekommen Sie in türkischen Supermärkten. Milchlämmer werden mit drei bis vier Monaten geschlachtet, Mastlämmer sind acht bis neun Monate alte Tiere. Ihr zartes, aromatisches Fleisch ist hellrot, die zarten Fettadern sind weiß bis leicht gelblich. Auch Schafe werden mittlerweile in Intensivmast gehalten; es lohnt sich also, nach Einkaufsquellen zu suchen, die Fleisch von artgerecht gehaltenen Tieren aus kleinen Betrieben anbieten.

**Lauch
siehe Porree
(Seite 125).**

Lilienknospen

Die Blüten der Taglilie, die Sie in Chinaläden bekommen, sind typisch für die Küche der Provinz Sichuan und werden getrocknet verwendet. Sie fühlen sich an wie Leder, sind knapp zehn Zentimeter lang, gelblich- oder leuchtend rot und wie Nadeln geformt – daher auch ihr chinesischer Name »goldene Nadel«. Mit ihrem leicht säuerlichen Parfümaroma nimmt man sie für Fleisch- und Gemüsegerichte und weicht sie vor der Zubereitung wie Trockenpilze ein.

**Zuordnung: Neutral
Temperatur: Kühl
Geschmack: Süß
und bitter
Wirkung: Befeuchten
die Lungen, stillen den
Husten, vertreiben zu
große »Herzhitze« und
damit auch Nervosität.**

Lotoskerne

Lotos ist eine Wasserpflanze und wurde im antiken China als Nahrungs-, Heil- und Zierpflanze kultiviert. Wie Ingwer vermehrt sie sich durch einen wurzelähnlichen Spross, der unter Wasser wächst. Aus diesem Rhizom treiben die kräftigen, bis zu zwei Meter langen Stängel, die wie das Rhizom von Röhren durchzogen sind, damit die Pflanze »atmen« kann. Über den bis zu 60 Zentimeter großen blaugrünen Blättern stehen die prächtigen rosafarbenen Blüten, aus denen sich seltsame Gebilde entwickeln, die an den Brausekegel einer Gießkanne erinnern: Es sind die Früchte, die zahlreiche haselnussgroße Kerne, die Samen enthalten. Getrocknet und als Konserve gibt es Samen und Wurzeln auch bei uns in Asien- und Feinkostgeschäften und bei Exotenhändlern.

**Zuordnung: Neutral
Temperatur: Neutral
Geschmack: Süß
Wirkung: Roh bei
trockenem Mund, Unruhe, Bluthochdruck
und Schlafstörungen
im Hochsommer; gekocht stärken sie die
Mitte und helfen bei
Durchfall, Nervosität
und Schlafstörungen.**

Mais/Mini-Mais

Als Gemüse gehört er zur Sorte Zuckermais und ist vermutlich erst vor etwa 150 Jahren aus einer Mutation von Körnermais entstanden. Er wird früher reif als dieser und entwickelt kleinere Kolben mit zarten Körnern. Der in den Körnern enthaltene natürliche Zucker wandelt sich nur langsam in Stärke um, so dass die Körner lange angenehm süß schmecken. Mini-Maiskolben, die es bei uns meist eingelegt gibt, sind in Asien besonders beliebt, weil man sie ohne Vorgaren im Wok braten kann.

Mandarine

Die echte chinesische Mandarine wurde bereits im Altertum in China und Japan kultiviert, kam aber erst im 19. Jahrhundert nach Europa. Als Arzneimittel verwendet man Mandarinen in China schon seit dem 8. Jahrhundert, wobei Fruchtfleisch und Schale unterschiedlich in der Wirkung bewertet werden.

Mandel

Während Haselnüsse, Walnüsse und andere Nüsse lange nur gesammelt wurden, baute man Mandeln, die botanisch eigentlich nicht zu den Nüssen zählen, bereits vor mehr als 4000 Jahren im Vorderen Orient an. Dort entwickelten sich auch die ersten raffinierten Rezepturen, die Perser und später Araber in den Westen brachten – Marzipan ist nur eine davon. Lange Zeit wurden übrigens auch die innersten Kerne reifer, süßer Aprikosen wie Mandeln verwendet. In China lassen sich die beiden Zutaten erst im 14. Jahrhundert eindeutig unterscheiden, und damals tauchten Mandeln auch erstmals als diätetisches Lebensmittel auf.

Marone (Esskastanie)

Die süßen Maronen gehören auch bei uns seit einigen Jahren als eher teure Delikatesse zum Angebot der Herbstfrüchte. Im Süden waren sie bis vor wenigen Jahrzehnten preiswerter Eiweißlieferant, wo man sie als Eintopf kochte oder gemahlen für Brot und Kuchen verwendete. In China gehören frische oder getrocknete Esskastanien seit der Antike auf den Speisezettel. Sie werden für Süßspeisen kandiert, als Imbiss geröstet oder mit Fleisch, Huhn und Ente gekocht. In der Ernährungstherapie verwendet man sie seit etwa 1800 Jahren.

Zuordnung: Neutral
Temperatur: Neutral
Geschmack: Süß
Wirkung: Stärkt die Mitte und den Magen, senkt das Cholesterin, fördert die Harnausscheidung.

Zuordnung: Yin
Temperatur: Kühl
Geschmack: Süß und sauer
Wirkung: Das Fruchtfleisch baut Körpersäfte auf, befeuchtet die Lungen, löst Schleim und stillt den Durst.

Zuordnung: Neutral
Temperatur: Leicht erwärmend
Geschmack: Süß und sauer
Wirkung: Gegen Husten und Asthma, bei Verstopfung.

Zuordnung: Yang
Temperatur: Warm
Geschmack: Süß
Wirkung: Stärkt Milz, Magen und Nieren; hilft bei niedrigem Blutdruck, Herz- und Gefäßleiden.

Milch

Kuhmilch spielt in China traditionell bei weitem keine so große Rolle wie im Westen – weder frisch noch als Sauermilchprodukt, Butter oder Käse. Diätetisch genutzt wurde sie allerdings schon im 2. Jahrhundert, und noch heute erinnern viele Milchzubereitungen an Medizin – etwa Milch mit Bärlauch- und Ingwersaft bei schwachem Magen und gegen Übelkeit.

Zuordnung: Neutral
Temperatur: Neutral
Geschmack: Süß
Wirkung: Stärkt Qi, befeuchtet und hilft gegen Verstopfung.

Möhre

Unter den vielen essbaren Wurzeln sind Möhren erst spät eindeutig dargestellt worden – auf einer farbigen Abbildung um 500 n. Chr. aus Konstantinopel. Unsere »normalen« Möhren tauchten erst Ende des 17. Jahrhunderts in den Niederlanden auf, aber die Araber sollen sie bereits vor etwa 1000 Jahren angebaut haben, und die Chinesen lernten sie vermutlich Anfang des 14. Jahrhunderts kennen; jedenfalls werden sie seitdem für die Ernährungstherapie empfohlen.

Wichtig für den Einkauf des Gemüses: Je dicker die äußere Rinde, desto wertvoller und aromatischer ist die Möhre. Ein grüner »Kragen« rund um das Kraut ist harmlos und kein Zeichen von Unreife.

Zuordnung: Neutral
Temperatur: Neutral
Geschmack: Süß
Wirkung: Entzündungshemmend, senkt hohen Blutdruck, stärkt Milz, Herz und Sehkraft, wirkt antikanzerogen.

Mu-Err-Pilz

Bei uns wird der dunkle, muschelförmige Mu-Err-Pilz, der auch Schwarze Morchel genannt wird, weder gesammelt noch gezüchtet. In China erntet man ihn dagegen im Sommer oder Herbst, verwendet ihn frisch oder getrocknet in zahlreichen Gerichten.

Die Pilze gibt es nur getrocknet in Asienläden, den Lebensmittelabteilungen von Warenhäusern und manchen Supermärkten. Verwandt, aber noch edler ist die weiße oder Silbermorchel, die man nur im Asienladen bekommt. Dieser elfenbeinfarbene Pilz erinnert in der Form an Mu-Err, wirkt aber fragiler – ähnlich wie eine Koralle – und ist ohne den erdigen Beigeschmack noch zarter im Aroma. Ihre Anwendung in der Heilküche entspricht der von Mu-Err-Pilzen.

Zuordnung: Neutral
Temperatur: Neutral
Geschmack: Süß
Wirkung: Liefert viel Eisen, stärkt das Blut, befeuchtet den Organismus, fördert den Stoffwechsel, reinigt den Darm.

Mungobohnen

Mungobohnen mit ihren etwa erbsengroßen, ovalen Samen zählen zu den eiweißreichsten pflanzlichen Lebensmitteln und sind deshalb fester Bestandteil in der traditionellen vegetarischen Küche und alternativen Ernährung. Sie stammen aus Indien und haben sich im Laufe der Jahrhunderte über ganz Mittel- und Ostasien verbreitet. Inzwischen werden sie überall in den Tropen kultiviert. Besonders in Trockengebieten mit heißen Sommern sind sie wichtiger Eiweißlieferant für die Menschen und Grünfutter für das Vieh. Frisch gibt es sie bei uns nicht, doch die getrockneten Samen bekommt man das ganze Jahr über in Naturkostläden.

Zuordnung: Yin
Temperatur: Kühl
Geschmack: Süß
Wirkung: Beruhigen Leber und Nerven und vertreiben Müdigkeit, senken das Cholesterin und hohen Blutdruck, fördern die Harnausscheidung.

Mungobohnensprossen

Die Sprossen der grünen Mungobohne werden bei uns als Sojasprossen oder Sojabohnensprossen, manchmal auch als »Lunja« verkauft. Oft kann man zwischen zwei Sorten wählen: kleine Sprossen, an denen noch die gekeimten Bohnensamen mit grünen Schalenresten hängen, und längere Sprossen ohne Samen und Schalen.

Zuordnung: Yin
Temperatur: In Richtung Kälte
Geschmack: Süß
Wirkung: Fördern die Harnausscheidung, senken die Hitze, bauen Körpersäfte auf.

Paksoi

Paksoi stammt aus Südostasien und wird in China als Gemüse schon seit mehr als 2000 Jahren angebaut; eine bestimmte Sorte nur wegen ihrer Samen, die Öl zum Kochen und für Lampen liefert. In Europa ist Paksoi seit Mitte des 18. Jahrhunderts bekannt, und heute zählt die Pflanze überall zum wichtigen Gemüse.

Der Kohl bildet keine Köpfe wie der verwandte Chinakohl, sondern nur eine dicke Blattrosette. Seine weißen, flachen und etwa drei Zentimeter breiten Stiele erweitern sich zu schönen dunkelgrünen Blättern. Paksoi, der im Gemüsehandel und in Asienläden erhältlich ist, schmeckt ähnlich wie Chinakohl, doch milder und eine Spur erdig. Gute Qualität erkennt man an den saftigen, unverletzten dunkelgrünen Blättern und den dicken, fleischigen Stielen ohne braune Flecken. Kleinere Stauden sind gewöhnlich zarter.

Zuordnung: Yin
Temperatur: Kühl
Geschmack: Süß und scharf
Wirkung: Senkt die Hitze.

Papaya

Papayas enthalten viel Vitamin C und Beta-Karotin. Unter den exotischen Früchten gelten Papayas als recht empfindlich, denn sie schmecken nur, wenn sie zum richtigen Zeitpunkt geerntet, fachgerecht gelagert und schön reif sind. Deshalb kauft man sie am besten im Fachhandel für Exotenfrüchte: Reife Früchte erkennt man an der grüngelben oder grünen Schale mit ausgeprägten gelben Flecken, eventuell auch dunklen Pünktchen. Die ganze Frucht liegt weich und warm in der Hand wie eine reife Banane, das Fleisch der aufgeschnittenen Frucht ist milchig-rot, butterweich und saftig. Bei überreifen Früchten ist die Schale zitronengelb mit braunen Flecken, die eingedrückt und wie mit Schimmel besetzt wirken. Dann ist die Frucht sehr weich, ihr Fleisch glasig. Unreife harte Früchte mit grüner Schale nimmt man lieber nicht, denn die Nachreife zu Hause ist schwierig, da Papayas viel Luftfeuchtigkeit brauchen.

Paprikaschote

Anders als die scharfen Chilis sind die milden Schoten ein Gemüse der Neuzeit und heute in jedem Land bekannt. In ihrer Heimat, die vom südlichen Mexiko über die Karibik und Mittelamerika bis nach Peru reicht, wurden sie viel später genutzt und waren schon immer weit weniger begehrt als Chilis. Doch die europäischen Eroberer konnten die brennend scharfen Speisen der einheimischen Bevölkerung nicht vertragen und verhalfen so dem milden Gemüsepaprika zu seiner kulinarischem Verbreitung. Jedenfalls brachten die Spanier ihn zusammen mit den scharfen Chilis nach Europa, die Portugiesen nach Afrika, Asien und Südamerika.

Paprikaschoten sind Sonnenpflanzen und werden »grünreif«, also grün geerntet – bei uns übrigens noch immer am beliebtesten. Bei fortschreitender Reife färben sich die Schoten je nach Sorte zuerst gelb und dann rot oder wechseln gleich von grün zu rot. Ihr Geschmack reicht von süß bis fruchtig-würzig. Mild aber sind sie alle, denn Gemüsepaprika enthalten kaum Kapsaizin, das ihren Verwandten, den Gewürzpaprika- und Chilischoten, die Schärfe verleiht.

Petersilie

Frische Petersilie riecht angenehm süßlich und zart nach Sellerie. Doch unverwechselbar würzig und leicht scharf schmeckt Petersilie nur im Sommer, wenn sie genügend Sonne bekommt. Wie jedes Kraut sollte man sie frisch geerntet verwenden, denn sie behält ihr Aroma höchstens zwei Tage. Zum längeren Aufbewahren und als Wintervorrat friert man sie besser ein.

Pfeffer (weiß und schwarz)

Die immergrüne tropische Kletterpflanze rankt sich an Stützpfählen empor und trägt grünliche Blüten an 5 bis 15 Zentimeter langen Ähren, aus denen sich 20 bis 50 runde Früchte entwickeln. Im Sprachgebrauch heißen sie Körner, botanisch sind sie jedoch eine Steinfrucht wie der Pfirsich. Schwarze Pfefferkörner sind die unreif gepflückten grünen Früchte, die ungeschält an der Sonne oder über offenem Feuer getrocknet werden. Dabei werden sie schrumpelig und färben sich schwarz. Schwarzer Pfeffer schmeckt kräftig und scharf. Weiße Pfefferkörner sind die gelben bis roten, völlig ausgereiften Früchte, die gewässert, fermentiert und geschält werden und nach dem Trocknen in der Sonne weiß, glatt und hart sind. Weißer Pfeffer schmeckt feiner als schwarzer und ist etwas weniger scharf.

Porree (Lauch)

Chinesischen Lauch gibt es bei uns gewöhnlich nicht; europäischer Porree ist jedoch genauso zu verwenden. Je nach Erntezeit unterscheidet man zwischen Sommerporree mit langem Schaft, hellem Blatt und loser Struktur sowie festem Herbst- oder Winterporree mit kurzem Schaft und dunklen Blättern.

Wichtig für den Einkauf: Stangen mit langem weißem Schaft sind keine bestimmte Sorte, sondern nur tief in die Erde gepflanzt worden. Ab Ende Mai bildet Porree einen Blütenstängel aus, der als kompakter Spross im Innern der Blätter sitzt. Diese Stangen wirken so lose wie neuer Sommerporree, sind aber nur zu spät geerntet worden.

Zuordnung: Yang Temperatur: Erwärmend Geschmack: Scharf Wirkung: Senkt unangenehme Hitze, fördert die Harnausscheidung, bringt Hautausschläge bei Masern und Röteln schneller zum Ausbruch und Abheilen.

Zuordnung: Yang Temperatur: Heiß Geschmack: Scharf Wirkung: Schwarzer Pfeffer lenkt Qi nach unten, löst festen Schleim, wirkt entgiftend und schmerzstillend. Weißer Pfeffer wärmt den Bauch, fördert den Stoffwechsel. Achtung: Bei Entzündungen und Hämorrhoiden darf man nicht mit Pfeffer würzen.

Zuordnung: Yang Temperatur: Erwärmend Geschmack: Scharf Wirkung: Baut Qi auf, lässt das Blut besser fließen, fördert das Schwitzen, wirkt gegen Schwellungen, entgiftet.

125

Reis

**Zuordnung: Neutral
Temperatur: Neutral in
Richtung Wärme
Geschmack: Süß
Wirkung: Stärkt das Qi
der Mitte, hilft bei
Durchfall.**

Reis gehört zu den ältesten Kulturpflanzen der Menschheit:
Die ersten Monokulturen entstanden etwa 5000 Jahre vor
unserer Zeitrechnung in Südchina. In China isst man am
liebsten Reis, der leicht klebrig ist. Richtiger Klebreis (siehe
Seite 117) und Rundkornreis werden als diätetisches Lebensmittel bereits im 2. Jahrhundert empfohlen, Langkornreis erst im 16. Jahrhundert. Naturreis gilt als schwer verdau-
lich und wird nur als Heilmittel – etwa gegen die
Vitamin-Mangelkrankheit Beriberi – verordnet.

Reisessig

**Zuordnung, Tempera-
tur, Geschmack und
Wirkung siehe »Essig«
(Seite112).**

Reisessig, beliebte Zutat in der chinesischen und japanischen Küche, ist milder als Wein- oder Obstessig und hat ein
leicht süßliches Aroma. Am häufigsten nimmt man weißen
Reisessig. Roter Reisessig mit geringem Säuregehalt eignet
sich für Haifischflossensuppe, Saucen und Dips, schwarzer
Essig – der berühmteste ist Chinkiang-Essig – für sauer-
scharfe Suppen. Schwarzen Reisessig können Sie durch italienischen Balsamessig ersetzen, weißen und roten Reisessig
durch Weißwein- oder Rotweinessig.

Reiswein (Sake)

**Zuordnung: Yang
Temperatur:
Erwärmend
Geschmack: Süß,
bitter, scharf
Wirkung: Fördert in
medizinisch kleinen
Dosierungen die Blut-
zirkulation, hilft bei Er-
kältungen.**

Reiswein entsteht aus vergorenem Reis und enthält zwischen
15 und 20 Vol. Prozent Alkohol. Je nach Herstellungsverfah-
ren und Dauer der Lagerung gibt es unterschiedliche Sorten. Manche erinnern im Geschmack an Sherry, manche
schmecken rauchig, andere Spezialitäten werden mit Rosen-
blättern oder Lorbeerblättern aromatisiert. Wir müssen uns
mit einfacherem Reiswein begnügen, den es in Feinkostgeschäften und Asienläden gibt.

Seit dem 7. Jahrhundert berühmt ist der chinesische Reiswein aus Shaoxing, einer Millionenstadt südlich von
Shanghai. Er gehört zur Shanghai-Küche als Würze – wie
bei uns Wein und Sherry, der auch der beste Ersatz ist.
Reiswein serviert man vor oder nach dem Essen, und
zwar lauwarm, damit er sein Aroma voll entfaltet. An
kalten Tagen schmeckt er auch heiß, weil er den
Körper wärmt.

Rettich

Er stammt vermutlich aus Vorderasien und wurde schon vor der Zeitenwende von verschiedenen Völkern als wichtige Gemüsepflanze kultiviert: Ein Zentrum lag in Südeuropa, das andere in Ostasien, wo man aus der gedrungenen Wurzel mit scharfem Geschmack milde Sorten mit langer Wurzel züchtete. Noch heute gehört dieser Daikon-Rettich zu den wichtigsten Gemüsen in China und Indien und ist auch Grundzutat der japanischen und koreanischen Küche – mit einem Pro-Kopf-Verbrauch von bis zu 30 Kilogramm pro Jahr. In Europa, wo man Rettich vorwiegend roh isst, sind eher die schärferen Varianten gefragt. In der chinesischen Küche gilt Rettich als »kühles« Lebensmittel, das man entweder in Suppen oder Eintöpfen lange gart oder kalt mit »wärmenden« Zutaten wie Ingwer, Frühlingszwiebeln oder Schärfe kombiniert.

**Zuordnung: Yin
Temperatur: Kühl
Geschmack: Süß
und scharf
Wirkung: Senkt Qi in
den unteren Bereich,
befeuchtet die Lungen,
löst festen Schleim,
fördert die Verdauung.**

Rind

In China isst man das Fleisch des Hausrindes und – vor allem im Süden – vom Wasserbüffel. Gezüchtet werden die Tiere vermutlich seit 7000 Jahren, als diätetisches Lebensmittel nutzt man ihr Fleisch seit dem 2. Jahrhundert. Für die Heilküche brauchen Sie Fleisch zum Kurzbraten im Wok, Schmoren und Sieden (genaue Angaben finden Sie bei den Rezepten).

**Zuordnung: Neutral
Temperatur: Neigt
zu neutral
Geschmack: Süß
Wirkung: Stärkt Milz
und Magen, Sehnen
und Knochen, baut
Qi und Blut auf.**

Gut geeignet ist Jungrindfleisch oder »Baby Beef«, das von unter zwölf Monate alten Tieren stammt. Es hat feine Fasern und liegt im Geschmack zwischen Kalb- und Rindfleisch. Jungbullenfleisch stammt von männlichen, nicht kastrierten Tieren, die im Stall gehalten und im Alter von 16 bis 22 Monaten geschlachtet werden. Es hat wenig Fett, relativ grobe Fasern und weiße Fettadern. Färsen (weibliche Tiere) und Ochsen (kastrierte männliche Tiere) werden im Stall und auf der Weide gehalten und im Alter von 20 bis 30 Monaten geschlachtet. Ihr Fleisch ist von hoher Qualität: mit hellen Fettadern, zart, aromatisch und feinfaserig. Dunkelrotes Kuhfleisch von etwa fünf Jahre alten Tieren mit intensivem Rindfleischaroma wird kaum angeboten.

Rohrzucker

**Zuordnung: Yang
Temperatur: Warm
Geschmack: Süß
Wirkung: Stärkt das Qi
der Mitte, aktiviert die
Blutzirkulation und ver-
treibt unangenehme
Hitze aus dem Körper.**

Zuckerrohr ist eine der wichtigsten Kulturpflanzen und wird heute in den Subtropen und Tropen angebaut. Es stammt aus Neuguinea, wo es um etwa 8000 v. Chr. angebaut worden sein soll und 2000 Jahre später auf die Philippinen, nach Indien und Indonesien gelangte. 500 n. Chr. beschreibt ein Hindutext die Herstellung von Zucker aus Rohr, erwähnt Melasse, den dunklen, aromatischen Sirup, der bei der Herstellung von körnigem hellem Zucker anfällt. In China produziert man Rohrzucker vermutlich seit dem 5. oder 6. Jahrhundert, diätetisch empfohlen wird er seit dem 7. Jahrhundert. Im byzantinischen Reich galt er als Luxusgut aus Indien, der sich durch die arabische Expansion im gesamten Mittelmeerraum verbreitete. Im 15. Jahrhundert etablierten Spanier und Portugiesen die Zuckerindustrie auf den Azoren, Madeira, den Kanarischen und Kapverdischen Inseln. Für die Herstellung werden die Halme zerkleinert und zwischen Walzen gepresst, bis der Saft austritt. Dieser wird gefiltert, mit etwas Kalk geklärt und bei leichtem Unterdruck dick eingekocht. Das Konzentrat lässt man langsam abkühlen und trocknen. Dabei bilden sich große, feste Kristalle, die gemahlen und wie weißer Zucker abgepackt werden.

Rote Bohnen (Adzukibohnen)

**Zuordnung: Neutral
Temperatur: Neutral
Geschmack: Süß und
sauer
Wirkung: Antibakteri-
ell, entzündungshem-
mend; stärken die Nie-
ren, fördern die
Harnausscheidung, be-
seitigen zu viel Feuch-
tigkeit.**

Sie gehören zur Familie der Sojabohnen und sind nicht zu verwechseln mit den Kidneybohnen: Die etwa acht Millimeter großen ovalen Bohnen sind rot mit weißen Strichen. Sie stammen aus Ostasien und sind nach der gelben Sojabohne die wirtschaftlich wichtigste Bohnenart. Es gibt sie das ganze Jahr über getrocknet in Naturkost- und Asienläden. Sie schmecken mild, zerfallen nicht und nehmen die Aromen von anderen Lebensmitteln und Gewürzen gut auf.

Salz

**Zuordnung: Yin
Temperatur: Kalt
Geschmack: Salzig
Wirkung: Entzündungs-
hemmend, senkt die
Hitze, löst den Schleim.**

Jodsalz, eventuell mit Fluorzusatz, gilt in der westlichen Ernährung als optimal, weil es gegen die verbreiteten Schilddrüsenleiden durch zu geringe Jodzufuhr wirkt und Fluor gegen Karies hilft.

Sauerkraut

Typisch für China ist nicht unser Sauerkraut aus Weißkohl, sondern milchsauer eingelegter Chinakohl – in Nordchina unzerkleinert als ganzer Kopf. Sie können »chinesisches Sauerkraut« auch selbst herstellen: Einen festen Kopf Chinakohl sehr fein schneiden, mit etwas rohem Sauerkraut aus dem Naturkostladen oder Reformhaus und einem Teelöffel Milchzucker mischen. In ein sauber gespültes Einmachglas oder einen Steinguttopf füllen, festdrücken und beschweren. Bei Zimmertemperatur drei bis vier Tage ziehen lassen, bis der Kohl angenehm sauer schmeckt. Achtung: Bei Schimmel, käsigem oder muffigem Geruch haben sich nicht genügend Milchsäurebakterien gebildet, und der Kohl ist verdorben. Natürlich kann man statt milchsaurem Chinakohl auch frisches Sauerkraut vom Fass nehmen.

Zuordnung: Yin
Temperatur: Kalt
Geschmack: Salzig
Wirkung: Reinigt den Darm.

Schinken

In China nimmt man als Aromageber für viele Gerichte gepökelte, geräucherte Schweinekeulen. Als diätetisches Lebensmittel taucht Schinken erst Anfang des 19. Jahrhunderts auf. Für die Heilküche verwendet man rohen oder gekochten Schinken – genaue Angaben finden Sie bei den Rezepten.

Zuordnung: Neutral
Temperatur: Neutral, neigt zur warm
Geschmack: Salzig und süß
Wirkung: Stärkt Milz, Qi und Yin-Energie.

Schnittlauch

Es gibt Schnittlauchsorten mit feinen, mittelfeinen und groben Röhren. Die feinen und mittelfeinen kommen vorwiegend im Topf auf den Markt, die groben im Bund, was jedoch keine Rolle spielt – wichtig ist die Frische: Am besten schmeckt er direkt vom Stock. Penetranter Geruch zeigt, dass die Halme schon länger liegen: Beim Abschneiden der Halme werden schwefelhaltige Aromastoffe frei, die sich durch die Einwirkung von Enzymen weiter umwandeln. Deshalb sollte Schnittlauch nach dem Zerkleinern auch gleich weiterverarbeitet werden – am besten schneiden Sie ihn mit einem scharfen Messer oder einer Küchenschere: Je feiner er geschnitten wird, desto mehr Zellen werden zerstört und desto mehr Aroma entwickelt sich.

Zuordnung: Yang in Richtung neutral
Temperatur: Neutral in Richtung warm
Geschmack: Scharf
Wirkung: Baut Qi auf.

Schwarze Bohnen (Schwarze Sojabohnen)

**Zuordnung: Neutral
Temperatur: Neutral
Geschmack: Süß
Wirkung: Unterstützen
die Nieren, befreien
von zu viel Feuchtig-
keit, kühlen, regen das
Blut an, entgiften.**

Die kleinen Bohnen gehören zur traditionellen asiatischen Küche und sind nicht zu verwechseln mit den schwarzen Bohnen, die man in Mexiko und Südamerika für Schmorgerichte und Suppen nimmt. Schwarze Sojabohnen verwendet man vor allem fermentiert: Die ganzen Bohnen werden mit Salz und Ingwer vergoren und schmecken dann so würzig, dass man sie anstelle von Salz verwendet. Fermentierte Bohnen passen zu Lebensmitteln mit wenig Eigengeschmack wie Tofu (siehe Seite 46), zu Fleisch und Fisch.

Schweinefleisch

**Zuordnung: Neutral
Temperatur: Neutral
Geschmack: Süß und
salzig
Wirkung: Stärkt Yin,
hilft bei der Blutbil-
dung, befeuchtet
Lungen und Darm.**

Seit Jahrtausenden gehören Schweine in China zu den wichtigsten Zuchttieren, und ihr Fleisch steht noch heute an erster Stelle. Vermutlich kennt man in der Chinaküche auch die meisten und raffiniertesten Zubereitungen von allen Teilen des Schweins – dabei auch solcher wie Schweinefüße (siehe Seite 31) oder -lunge. Als heilendes Lebensmittel tauchte Schweinefleisch in China erstmals im 2. Jahrhundert n. Chr. auf. Fleisch, das bei uns angeboten wird, stammt ausschließlich von jungen Tieren, die nach sechs bis sieben Monaten Mast ein Gewicht von 90 bis 120 Kilogramm erreicht haben, Spanferkel werden mit sechs Wochen geschlachtet. Für alternative Landwirte und Biometzger gelten diese Vorgaben allerdings nur bedingt, so dass Sie sich beim Einkauf am besten nach Alter und Schlachtgewicht der Tiere erkundigen.

Sesamöl

**Zuordnung: Yin
Temperatur: Kühl
Geschmack: Süß
Wirkung: Befeuchtet
den Darm, hilft bei
Verstopfung.**

Sesamöl wird aus gerösteten weißen Sesamsamen gepresst und eignet sich zum Garen bei niedrigen bis mittleren Temperaturen. Zum Grillen oder Frittieren darf man es dagegen nicht nehmen, denn wie bei jedem Öl mit einem hohen Anteil an mehrfach ungesättigten Fettsäuren können sich durch starkes Erhitzen schädliche Substanzen bilden. Außerdem leidet das Aroma des edlen Öls – übrigens das teuerste Speiseöl der Welt. Dunkles Sesamöl nimmt man nur zum Würzen am Schluss. Sein zarter Geschmack nach gerösteterm Sesam passt zu Fleisch und vegetarischen Gerichten.

Sesamsamen

Sesam wird bis zu 1,5 Meter hoch und entwickelt nach der Blüte haarige Kapseln, die aufspringen, sobald die kleinen abgeplatteten Samen reif sind. Woher Sesam stammt, weiß man nicht genau; in Frage kommen Afrika und Asien. Jedenfalls hat sich die Pflanze auf verschlungenen Wegen in Ost und West ausgebreitet, wurde überall als wertvolle Ölpflanze kultiviert und von Medizinern und Pharmazeuten wegen ihrer Heilwirkung empfohlen – in China vermutlich schon um die Zeitenwende. Heute gehören China, Indien, Birma, der Sudan und Nigeria zu den wichtigsten Anbauländern. Dort haben sich auch berühmte Sesamgerichte entwickelt: In China nimmt man sie beispielsweise für Hefebrötchen aus dem Dampf oder Honigbananen, im Vorderen Orient für Tahin, eine Paste wie Erdnussmus, und in Westafrika isst man die Blätter als Gemüse.

Zuordnung: Neutral
Temperatur: Neutral
Geschmack: Süß
Wirkung: Bei Haarausfall, zur Stärkung von Blut, Leber und Nieren; sie befeuchten und helfen deshalb bei Blähungen und Verstopfung.

Shrimps

Shrimps sind ausgepulte kleine Tiefseegarnelen, die mit Panzer etwa sechs Zentimeter messen. Scampi, auch Kaisergranaten genannt, sind Tiefseekrebse mit leicht gekrümmtem, fächerförmigem Schwanz, die ausgelöst auch als Langustenschwänze bezeichnet werden. Hummerkrabben, Riesengarnelen oder King Prawns erkennt man an ihrem spitz zulaufenden Schwanz. Alle diese Krustentiere können Sie für die chinesische Heilküche verwenden.

Zuordnung: Yang
Temperatur: Erwärmend
Geschmack: Süß
Wirkung: Stärkt Leber und Nieren, kräftigt Yang, entgiftet
Achtung: Bei Allergien und Hautausschlägen darf man keine Shrimps essen.

Sichuan-Pfeffer

Sichuan-Pfeffer besteht aus rötlichen aufgesprungenen Kapseln und schwarzen Körnern. Für Chinagerichte nimmt man nur die Kapseln, deren Duft an Mandarinen erinnert, und so werden sie in Fleischgerichten auch häufig mit Mandarinenschalen kombiniert. Der Pfeffer, den Sie in allen Asienläden bekommen, hält sich unzerkleinert, kühl und trocken in einem dunklen Schraubglas jahrelang ohne starken Aromaverlust. Für den täglichen Bedarf eignet sich Sichuan-Pfeffer allerdings nicht, da er in größeren Mengen gesundheitsschädlich sein kann.

Zuordnung: Yang
Temperatur: Warm
Geschmack: Scharf
Wirkung: Antibakteriell und entgiftend, fördert den Appetit.
Achtung: Bei Magengeschwüren darf man Sichuan-Pfeffer nicht verwenden.

Sojabohne

Sojabohnen sind die wirtschaftlich wichtigsten Hülsenfrüch-te: als Eiweißquelle und Ölpflanze, für Würzsaucen und Milchersatzprodukte, für Fleischimitationen, proteinreiche Erfrischungsgetränke und als Futtermittel. Je nach Bedarf baut man spezielle Sorten an: So ist die schwarze Sojabohne (siehe Seite 130) besonders reich an Eiweiß, jedoch arm an Fett, während die gelbe Sojabohne nur wenig Eiweiß, dafür aber reichlich Fett enthält. Die ersten sicheren Zeugnisse für den Anbau der Sojabohne stammen aus China und sind etwa 2800 Jahre alt. Nach Europa kamen die Pflanzen im 18. Jahrhundert – allerdings nur in die botanischen Gärten. Die weltweite Nutzung der Sojabohne begann erst im 20. Jahrhundert: Allein in den USA vergrößerten sich die Anbauflächen von 1920 bis 1960 um das 44fache. Getrock-nete gelbe Sojabohnen, die Sie in Naturkost- und Asienlä-den bekommen, isst man nicht wie andere getrocknete Boh-nen als Gemüsezubereitung, sondern nur verarbeitet in Form von Sojamilch oder Tofu.

Sojamilch

Die milchähnliche Flüssigkeit wird aus gemahlenen gelben Sojabohnen und Wasser hergestellt, bildet die Grundlage für Tofu und ist aufgrund ihres relativ hohen Kalziumgehal-tes ein wichtiger Milchersatz für Veganer oder bei einer Kuh-milchallergie. In China wird Sojamilch erst seit dem frühen 19. Jahrhundert für die Heilküche genutzt.

Sojasauce

Die bekannteste Würzsauce Asiens wurde vermutlich in Chi-na erfunden, wobei man zwischen hellen, mitteldunklen und tiefdunklen Varianten unterscheidet: Helle und mittel-braune werden aus Sojabohnen und Getreide, dunkle vor-wiegend aus Sojabohnen gebraut, dazu kommen Wasser und Salz. Grundsätzlich schmeckt helle Sauce salzig, dunkle eher süß (bei den Rezepten finden Sie entsprechende Hin-weise). Auf dem Etikett finden Sie Angaben zu Farbe und Zutaten, ob Konservierungsstoffe enthalten sind und/oder ob die Bohnen gentechnisch verändert wurden.

Spargel

Spargel hat sich von den sandigen Meeresdünen und den Steppengebieten Vorderasiens nach West- und Mitteleuropa, Nordafrika und Asien verbreitet. Die Gattung umfasst etwa 100 Arten mit teils dornigen Pflanzen, die sich meterlang über Felsen und Gebüsch ausbreiten. Während der Antike wurden sie von den Griechen und Römern kultiviert, und an den Anbaumethoden hat sich seither nicht viel geändert. Spätestens seit der Renaissance war Grünspargel, im 19. Jahrhundert auch weißer Spargel bei uns bekannt – als Arznei und Delikatesse.

Zuordnung: Neutral
Temperatur: Neutral in Richtung Wärme
Geschmack: Süß und bitter
Wirkung: Stärkt Qi und Milz, wirkt antikanzerogen und entgiftend.

Speisestärke

In der Chinaküche verwendet man vorwiegend die Stärke von Kartoffeln, Mais oder Maniok (siehe Seite 134). Kartoffel- und Maniokstärke binden besser, so dass man vorsichtiger dosieren muss als bei Maisstärke. Auch üblich, aber bei uns schwerer erhältlich ist Stärke von Lotoswurzel, Wasserkastanien, Mungobohnen und Pfeilwurzel, die man auch in der strengen vegetarischen Küche verwendet. Kartoffel- und Maisstärke bekommen Sie im Supermarkt, Maniokstärke in Asien- und Lateinamerikaläden, Pfeilwurzelstärke in Naturkostläden.

Spinat

Er ist außerhalb Europas vor allem in Indien, Japan, Korea und selbstverständlich in China beliebt. Dort kennt man ihn seit dem 7. Jahrhundert und verwendete ihn bald in der Heilküche. Chinesischer Spinat schmeckt so aromatisch wie unser Frühjahrsspinat mit den gekrausten Blättern und ist dabei so zart wie Sommerspinat. In China entfernt man Wurzeln und Stiele nicht, weil sie als besonders eisenhaltig gelten.

Aus heimischem Freilandanbau gibt es ihn von Mitte März bis Mitte Juni und von Anfang August bis Ende Oktober. Frische Blätter sollten in große Beutel gefüllt werden, da sie zu eng gepackt Eigenwärme entwickeln und dann schnell faulen. Da sie zudem relativ viel Nitrat enthalten, sollte man die Blätter blanchieren und das Kochwasser wegschütten.

Zuordnung: Yin
Temperatur: Kühl
Geschmack: Süß
Wirkung: Liefert Eisen für die Blutbildung, stärkt die Leber, beruhigt, vertreibt unangenehme Hitze und befeuchtet den Darm.

Staudensellerie

Staudensellerie gehört zu den beliebtesten Gemüsearten der Chinaküche. Die Pflanze treibt keine Knollen, und ihre bitteren Wurzeln sind ungenießbar. Doch der Geschmack der fleischigen, gerippten bis vier Zentimeter breiten Stangen mit den zarten Blättchen an der Spitze ist so typisch wie der von Knollensellerie, allerdings etwas milder und feiner. Staudensellerie gibt es das ganze Jahr über. Nehmen Sie möglichst Stangen ohne Druckstellen, da sie länger frisch bleiben. Und: Gelbe Stangen schmecken milder als grüne.

Sternanis

Sternanis gehört vor allem zur Küche des Ostens und ist Bestandteil des chinesischen Fünf-Gewürze-Pulvers. In China sowie der chinesisch beeinflussten Küche Thailands und Indonesiens wird er zum Würzen von Schweinefleisch, Huhn und Ente verwendet. Grob zerkleinert und als Pulver ist Sternanis als Beimischung zu Lebkuchen- und Glühweingewürz aber auch in Europa vertraut.

Sternanis bekommen Sie in allen Asien- und vielen Naturkostläden. Die ungemahlenen Sternchen behalten ihr Aroma gut verschlossen etwa drei Jahre, während das Pulver wesentlich rascher fade wird.

Tapioka (Maniok)

Maniok stammt aus verschiedenen Regionen der Neuen Welt: eine Art aus West- und Südmexiko, die andere aus dem Nordosten Brasiliens. In Peru wurde sie vermutlich bereits vor 4000 Jahren kultiviert; die Überreste sollen eine der ältesten Nutzpflanzenfunde in Amerika sein. Portugiesische Sklavenhändler brachten Maniok gegen Ende des 16. Jahrhunderts aus Brasilien nach Westafrika, etwa 100 Jahre später auch nach Indien. Von dort hat sich die Pflanze weiter nach Osten ausgebreitet. Heute baut man vorwiegend zwei Sorten an: frühreife süße Maniok als Gemüsepflanze und stärkereiche Knollen für Mehl, Tapioka und andere Maniokprodukte.

Tee (grün und schwarz oder halb fermentiert)

Bei der Herstellung von Grüntee unterbindet man die natürliche Oxidation (Fermentation) der Blätter, indem man sie nach dem Pflücken kurz welken lässt und dann stark unter Dampf erhitzt. So kochen die Blätter gewissermaßen im eigenen Saft und werden dadurch »versiegelt«. Das verhindert den enzymatischen Prozess, durch den der Schwarze Tee entsteht, der in China weit seltener als bei uns getrunken wird. China produziert etwa vier Fünftel unfermentierten Grünen Tee. Hervorragend ist der würzige Keemun-Tee, den man früher am Kaiserhof getrunken hat.

Zuordnung: Yin
Temperatur: Kühl
Geschmack: Süß und bitter
Wirkung: Grüner Tee: Stoffwechselfördernd und erfrischend, baut Körpersäfte auf, vertreibt innere Hitze und Feuchtigkeitsstau, hilft bei der Verdauung.
Schwarzer Tee: Senkt das Cholesterin.

Tofu

Tofu ist das traditionell wichtigste Lebensmittel aus gelben Sojabohnen (siehe Seite 132) und hat sich gegen Ende des 12. Jahrhunderts von Nordchina und Korea nach Japan ausgebreitet. Seine Bedeutung für die Ernährung in den Tofuländern Asiens war und ist sehr hoch: Er ersetzt Fleisch und Fisch, ist viel preiswerter, doch genauso reich an Eiweiß, enthält kaum Fett und überhaupt kein Cholesterin. Für ein pflanzliches Lebensmittel liefert er zudem reichlich Kalzium, das sonst vor allem in Milchprodukten enthalten ist, und gehört deshalb in Ost und West zu den Grundzutaten der vegetarischen Küche. Der Segen westlicher Feinschmecker blieb ihm allerdings bisher versagt – wir können Tofu nämlich nicht richtig zubereiten. Ein Blick in die kulinarisch höchst ausgefeilte fernöstliche Tofuküche hilft da weiter: Tofu isst man nicht kalt wie Käse aufs Brot oder gewürfelt über dem Salat, sondern man muss ihn marinieren, braten, schmoren oder kochen. Besonders gut schmeckt er in kräftig gewürzten Suppen, mit Knoblauch oder Frühlingszwiebeln und den herzhaften chinesischen Würzsaucen.

Zuordnung: Neutral
Temperatur: Neutral in Richtung Kühle
Geschmack: Süß
Wirkung: Stützt Qi, baut Körpersäfte auf, fördert die Harnausscheidung, entgiftet.

Tomate

Sie wächst an Sträuchern – entweder niedrig wie kleine Büsche oder so hoch, dass man die Triebe der Pflanze stützen muss. Die inzwischen so beliebte Bezeichnung Strauch- oder Stieltomate ist also eine – absatzfördernde – Selbstverständlichkeit. Tomaten gibt es das ganze Jahr über aus dem Treib-

Zuordnung: Yin
Temperatur: Kalt
Geschmack: Süß und sauer
Wirkung: Baut die Körpersäfte auf, stärkt das Blut, vertreibt unangenehme Hitze und hilft bei der Verdauung.

haus, fast immer auch aus dem Freiland – aus heimischem Anbau von Mitte Juli bis Ende Oktober.

Vermutlich kommen Tomaten aus Peru und Ecuador. Die Stammpflanze kennt man nicht, nur die eng verwandte Wildtomate mit kirschgroßen, orangefarbenen Früchten, aus der die Indianer lange vor Kolumbus Kultursorten züchteten, die später den Tomatenanbau in Spanien und Italien begründeten. Etwa zur selben Zeit wie nach Europa kam die Tomate auch nach China: Anfang des 16. Jahrhunderts wuchs sie zuerst bei westlichen Ausländern, wanderte nach Südchina und war etwa 300 Jahre später im ganzen Reich verbreitet. Diätetisch empfohlen werden sie seit Mitte des 20. Jahrhunderts.

Tonggupilz

**Zuordnung: Neutral
Temperatur: Neutral
Geschmack: Süß
Wirkung: Stärkt Qi,
Milz und Magen, wirkt
antikanzerogen.**

In China seit mehr als 2000 Jahren gezüchtet, gehört der braunschwarze, höchst aromatische Pilz noch heute zu den wichtigen Zutaten der chinesischen Küche. Er wird mit Fleisch und Geflügel kombiniert, in Suppen gekocht oder zu Würzsaucen verarbeitet. Diätetisch empfohlen werden Tonggupilze seit dem 14. Jahrhundert. Die Pilze wachsen auf abgeschlagenen Baumstämmen, werden heute weltweit in Pilzfarmen kultiviert: meist auf präpariertem Buchenholz, um mit möglichst hohem Ertrag die stete Nachfrage der Verbraucher zu stillen. Bei uns japanisch Shiitake genannt, kommen die Pilze frisch und getrocknet auf den Markt. Duftpilze gelten als die feinere Variante und sehen ganz ähnlich aus; nur sitzt der Hut auf dünneren Stielen.

**Zuordnung: Yin
Temperatur: Kühl
Geschmack: Salzig
Wirkung: Enthält reich-
lich Jod, Kalzium und
Eisen und ist deshalb
wichtig für Vegetarier;
senkt unangenehme
Hitze, löst festen
Schleim, wirkt antikan-
zerogen, fördert die
Harnausscheidung.**

Wakame-Algen

Die dunkelgrünen Wakame-Algen, die durch die makrobiotische Küche auch bei uns relativ bekannt sind, wachsen in sechs bis zehn Meter Tiefe und werden bis zu einen Meter lang. Mit dem dicken zentralen Thallus und den unregelmäßigen Streifen auf beiden Seiten wirken sie wie überdimensionale Federn. Algen kommen weltweit vor, doch

Wakame gedeiht am besten in den kalten, starken Meeresströmungen vor den Küsten von China, Japan und Korea. Im Nordosten Japans soll es noch wild wachsende Wakame geben, die besonders zart und aromatisch schmecken und beim Kochen knackig bleiben, der überwiegende Teil aber wird kultiviert. Die Ernte dauert von Februar bis Juni und erfolgt meist von Booten aus: Mit langstieligen Rechen »kämmt« man die Pflanzen von der Wasseroberfläche, bis sie sich vom Meeresgrund lösen, spült sie in Meerwasser und bringt sie frisch auf den Markt oder hängt sie zum Trocknen auf.

Wasserkastanie

Wasserkastanien sind in China ein traditionelles Gemüse und vermutlich schon seit 3000 Jahren bekannt. Noch heute sind sie typisch für die Chinaküche in aller Welt.

Die 30 bis 125 Zentimeter hohe Wasserkastanie gedeiht sowohl in nassen Uferböden und Sümpfen als auch im Wasser. Die essbaren Knollen mit der braungrauen Schale bilden sich an den Wurzeln. Frisch bekommt man sie selten, eventuell auf Bestellung aus Hongkong, China und Thailand. Nasskonserven gibt es in der Asienecke großer Warenhäuser und Supermärkte, die Stärke zum Binden von Saucen und Suppen in Asienläden.

Zuordnung: Yin
Temperatur: Kalt
Geschmack: Süß
Wirkung: Senkt die Hitze, löst festen Schleim, fördert die Sehkraft.

Weintrauben

Trauben gehören neben Feigen, Datteln und Mangos zu den wichtigsten und traditionsreichsten Früchten der Alten Welt, was sich vielleicht mit ihrem praktischen Nutzen erklären lässt: Kaum eine Frucht enthält so viel leicht löslichen Zucker, der für einen raschen Energieschub sorgt. Wegen des hohen Zuckergehalts kann man die Beeren zudem ausgezeichnet trocknen, ohne dass sie faulen. Darüber hinaus liefern sie das beste Getränk, das je erfunden wurde: Wein. Und aus diesem gewinnt man wiederum seit Jahrtausenden eines der wichtigsten Konservierungsmittel: Essig.

Der Weinbau lässt sich weit zurückverfolgen: Vor mehr als 5000 Jahren kelterten ihn die Ägypter, die Griechen sahen in der kultivierten Welt ein Geschenk des Weingottes Dionysos, und die altorientalische Vorstellung von Wein als dem

Zuordnung: Neutral
Temperatur: Neutral
Geschmack: Süß und sauer
Wirkung: Stärken die Nerven, geben Energie, fördern die Harnausscheidung

Blut der Gottheit ging in die christliche Symbolik ein. In China kennt man Trauben seit der Han-Zeit (206 v. Chr. bis 220 n. Chr.). Wie überall galten sie auch hier als exquisites Obst für die Oberschicht, getrocknet als wichtiges Süßungsmittel. Diätetisch genutzt wurden sie vermutlich bereits um die Zeitenwende. Für die Heilküche ist Qualität wichtig: Grüne Beeren wirken zwar frisch und appetitlich, sind jedoch unreif und entwickeln kaum Aroma.

Weiße Bohnen

Zuordnung: Neutral Temperatur: Neutral Geschmack: Süß Wirkung: Stärken Magen, Milz und Lungen, senken die Hitze und sorgen für genügend Feuchtigkeit im Organismus.

Bei weißen Bohnen gibt es mehrere Sorten: Perlbohnen oder kleine weiße Bohnen nimmt man vor allem in der Chinaküche, sie gehören aber auch zur deutschen Bohnensuppe und werden mit Gewürzen und Suppengrün in Dosen angeboten. Frisch gegart eignen sich die Bohnen gut für Pürees oder Cremesuppen. Die mittelgroßen, schlanken Cannellino-Bohnen kochen cremig weich. Bei uns kennt man sie vor allem aus der italienischen und französischen Küche, wo man sie für kräftige Suppen – etwa für »Garbure« aus dem Périgord – und traditionelle Pastagerichte nimmt. Die Bohnen gibt es getrocknet in Mittelmeer- und Feinkostläden.

Weißkohl

Zuordnung: Neutral Temperatur: Neutral Geschmack: Süß Wirkung: Stärkt die Nieren, kräftigt die Knochen, wirkt antikanzerogen

Weißkohl ist das wirtschaftlich wichtigste Gemüse aus der großen Kohlfamilie und gilt in Europa als typisch »deutsch«. Doch knapp die Hälfte der weltweiten Kohlernte wird in China, Japan und Korea gegessen: Im Reich der Mitte nutzt man Weißkohl seit dem 7. Jahrhundert diätetisch.

Weißkohl gibt es das ganze Jahr über preiswert: Winterweißkohl gehört zum Lagergemüse, das sich bei guten Bedingungen über Wochen ohne Qualitätsverlust hält. Zarten Frühweißkohl mit sattgrünen, bläulich schimmernden Blättern bekommt man aus neuer Ernte von Mitte Mai bis Ende Juni aus heimischem Anbau sowie aus Norditalien. Frisch geernteter Herbstweißkohl kommt ab Ende August auf den Markt. Entscheidend ist immer die Frische bzw. die richtige Lagerung: Der Kohl duftet angenehm, die Köpfe glänzen, und die Hüllblätter sind saftig und unbeschädigt.

Weizen (Mehl und Nudeln)

In China seit etwa 5000 Jahren kultiviert und seit dem 2. Jahrhundert n. Chr. als diätetisches Lebensmittel empfohlen, ist Weizen heute weltweit das wichtigste Getreide für Brot, Gebäck und Nudeln – selbst in traditionellen asiatischen Reisregionen breitet er sich immer mehr aus. Das liegt vor allem daran, dass man ihn so gut verarbeiten kann: Weizenmehl enthält die beiden Eiweißbestandteile Gliadin und Glutenin in einem besonders günstigen Verhältnis. Diese Proteine bilden den Kleber: Mit Wasser oder einer anderen Flüssigkeit vermischt quellen sie auf und verbinden sich, so dass man den Teig formen oder ausrollen und schneiden kann. Die eindrucksvollste Demonstration für diese Eigenschaft des Klebers liefern chinesische Köche beim Nudelndrehen: Mit keiner anderen Mehlsorte ließe sich aus einem bloßen Teigklumpen ein Strang so hauchdünner Nudeln herstellen. Trocknen oder Hitze lässt den Kleber dann erstarren: Nudeln behalten ihre Form, und Brot und Kuchen kann man aufschneiden, denn der Kleber wird durch die Hitze so fest wie Eidotter und Eiklar in gekochten Eiern.

**Zuordnung: Neutral
Temperatur: Neutral in Richtung Kühle
Geschmack: Süß
Wirkung: Beruhigt Herz, Milz und Nieren, stillt den Durst, regt die Nieren an, wirkt positiv auf die Stimmung.**

Yamsknolle

Die Kletterpflanzen tragen Blätter wie Philodendren, lange, dünne Sprossen und Rhizome wie mächtige Ingwerknollen. Wasseryam, die wichtigste Sorte, wird bis zu zwei Meter lang und über 50 Kilogramm schwer. Viele der etwa 600 Yamsarten wurden bereits in prähistorischer Zeit in Südasien, Afrika, Südamerika und in der Karibik als kohlenhydratreiche Grundnahrungsmittel angebaut. Ihr weißes, gelbliches oder rötliches Fleisch erinnert gegart an Kartoffeln, schmeckt neutral bis angenehm süßlich und verbindet sich hervorragend mit den Aromen von Gewürzen.

Yam bekommt man bei Fachhändlern für exotisches Gemüse und Obst oder in Asien-, Lateinamerika- und Afrikaläden, Saison ist von April bis Oktober. Angeboten werden vorwiegend Weiße und Gelbe Yam von ein bis zwei Kilogramm, doch man sollte versuchen, kleinere zu bekommen. Yamsknollen sind länglich wie ein Rettich, kräftig wie eine Keule,

**Zuordnung: Neutral
Temperatur: Neutral
Geschmack: Süß
Wirkung: Kräftigt die Milz, befeuchtet die Lungen, löst trockenen Husten, hilft bei Durchfall.**

und die mittel bis rötlich braune Schale ist mit borstigen Härchen besetzt. Knollen mit weichen Stellen sollten Sie nicht nehmen – sie sind überlagert und schmecken bitter.

Zimt

Zimtbäume stammen aus Sri Lanka, und die beste Zimtqualität kommt noch heute von dort. Produziert wird Zimt seit Jahrtausenden, in China wahrscheinlich schon vor 5000 Jahren. Wilde Zimtbäume werden bis zu zwölf Meter hoch, in Plantagen hält man sie jedoch als höchstens drei Meter hohe Sträucher, damit man sie besser nutzen kann. Für die Zimtproduktion schneidet man ein bis zwei Jahre alte, etwa 1,5 Meter lange Triebe ab, befreit sie von Seitentrieben und Blättern und trennt in Handarbeit die Rinde ab. Dann wird auch die äußere Korkschicht und die holzige Innenseite abgeschabt. Übrig bleibt die aromatische Innenrinde – hauchdünne Platten von 0,3 bis 1 Millimeter Dicke, die abwechselnd in Sonne und Schatten getrocknet werden und sich dabei von beiden Seiten zu Stangen einrollen. Zimtpulver ist von weniger guter Qualität als die Stangen, da es aus gebrochenen Zimtstangen oder den Resten, die beim Schneiden der Stangen anfallen, bestehen kann. Stange und Pulver entfalten ihr Aroma am besten in Begleitung von Süßem – bei herzhaften Gerichten können es beispielsweise Früchte, Reiswein oder auch Würzsaucen sein, die relativ viel Zucker enthalten.

Zitrone

Zitronen, die an bis zu sieben Meter hohen Bäumen wachsen, brauchen das milde Klima der Subtropen. Sie stammen aus Asien – dem östlichen Himalaja oder Südostasien, vielleicht aber auch Südchina. Nach anderen Quellen gelangten die Früchte erst im 12. Jahrhundert durch die Europäer nach China, gesäuert wurde aber noch lange nicht mit den kostbaren Zitronen, sondern mit sauren Äpfeln oder Weintrauben. Der kommerzielle Anbau begann erst im 19. Jahrhundert in Italien, Spanien, Florida und Kalifornien. Zu dieser Zeit wurden die Früchte auch für die chinesische Heilküche bedeutsam.

Zitronen gibt es ganzjährig in guter Qualität: Der schöne Glanz zeigt reife Früchte an. Die Farbe sagt dagegen nichts über die Qualität aus: Auch Früchte mit grünlichen Flecken können reif, saftig und aromatisch sauer sein.

Zitronengras

Das tropische Gras mit dem feinen Zitronenaroma kann man frisch oder getrocknet, gehackt oder ganz verwenden. Frische Halme legt man auf die Arbeitsfläche und klopft sie kräftig mit der Nudelrolle flach, damit die Fasern aufbrechen und das Aroma freigeben. Und damit sie sich im Essen nicht in die Fasern auflösen, verknotet man sie ein- oder zweimal wie einen Bindfaden. Bei gehacktem Zitronengras nimmt man nur den unteren saftigen, weißen Teil, da der Rest zu faserig ist. Zitronengras passt zu allen exotischen Gewürzen, besonders gut schmeckt es zu Kokosmilch und Chilis.

Zuordnung: Yang
Temperatur: Warm
Geschmack: Süß und scharf
Wirkung: Wärmt die Nieren, stärkt Yang.

Zitronengras gibt es frisch, getrocknet oder gemahlen in allen Asienläden. Frisch hält es sich lose in Plastikbeutel verpackt und kühl gelagert etwa zehn Tage. Getrocknete, zerkleinerte Zitronengrashalme muss man zuerst etwa 30 Minuten in etwas warmem Wasser einweichen. Ein Teelöffel getrocknete und eingeweichte Halme entspricht etwa der Würzmenge eines frischen Halms.

Zwiebel

Die Zwiebel wird in der Chinaküche seltener als bei uns verwendet; dort nimmt man lieber milde Frühlingszwiebeln (siehe Seite 112). Die Schärfe der ovalen oder länglichen, gelblich braunen Speisezwiebeln hängt ab vom Wassergehalt und der Menge der Schwefelverbindungen. So sind kleine dunkle Zwiebeln meist schärfer als größere helle oder weiße Gemüsezwiebeln.

Zuordnung: Yang
Temperatur: Erwärmend
Geschmack: Süß und scharf
Wirkung: Vertreibt unangenehme innere Feuchtigkeit, löst den Schleim, senkt Hitze, Blutzucker und Cholesterin, hilft bei Durchfall.

Gute Zwiebeln müssen sich fest anfühlen und dürfen nur schwach riechen. Eine ungeschälte Zwiebel, die kräftig riecht, fault schnell und kann die anderen »anstecken«.

Impressum

© 2000 W. Ludwig Buchverlag, München in der Econ Ullstein List Verlag GmbH & Co. KG, München

Alle Rechte vorbehalten. Nachdruck – auch auszugsweise – nur mit Genehmigung des Verlags.

Redaktion
Christine Pfützner

Projektleitung
Alexandra Endres

Bildredaktion
Gabriele Feld

DTP
Mihriye Yücel

Umschlag
Till Eiden

Produktion
Manfred Metzger (Leitung), Annette Aatz

Druck und Bindung
Westermann, Zwickau

Gedruckt auf chlor- und säurearmem Papier

Printed in Germany

ISBN 3-7787-3900-X

Über die Autorinnen

Xiaoyan Zhang, 1962 geboren, kommt aus Peking und stammt aus einer Familie, die seit Generationen Traditionelle Chinesische Medizin (TCM) praktiziert. Von ihrer Großmutter bereits seit dem 13. Lebensjahr in Akupunktur unterrichtet, studierte sie später an der Universitäts-Klinik von Chengdu TCM, Phytotherapie und Akupunktur bei Prof. Shucai Zhong und Prof. Shuren Li. In der Klinik des TCM-Forschungsinstituts der Provinz Sichuan arbeitete sie als Ärztin bei Prof. Zhongyu Li, einem der berühmtesten TCM-Ärzte Chinas.

Dr. Barbara Rias-Bucher, 1948 in München geboren, arbeitet seit über 20 Jahren für renommierte Verlage. International bekannt wurde sie durch ihre Bücher zu vegetarischer und vollwertiger Ernährung. Sie wurde mehrfach ausgezeichnet von der gastronomischen Akademie Deutschlands.

Hinweis

Das vorliegende Buch ist sorgfältig erarbeitet worden. Dennoch erfolgen alle Angaben ohne Gewähr. Weder Autorin noch Verlag können für eventuelle Schäden, die aus den im Buch gemachten Hinweisen resultieren, eine Haftung übernehmen.

Bildnachweis

Alle Bilder stammen von Karl Newedel, München, außer: Bilderberg, Hamburg: 52 (P. Ginter); Gettyone Stone, München: 11 (Kevin Anderson), 12 (Alan Thorton), 38 (F. Herboldt), 46 (Peter Nicholoson), 56 (Laurence Monneret), 72 (Jürgen Reisch), 82 (Andrea Monikos); Südwest Verlag, München: Titel / Einklinker, 14, 68 (jump / K.Vey), 98 (K. Mewes); Transglobe, Hamburg: 8 (Andreas Laible), 17 (R. König), 19 (NN), 88 (Reporters); Visum, Hamburg: 6, 7 (Michael Wolf), 64 (Joseph Pedrol)
Alle Freisteller stammen aus dem Südwest-Archiv.

Register

Rezepteregister

Sachregister